減去人生雜訊，
從無序變有序，
成為「最好版本的自己」

何聖君

著

熵減
法則

LAW of
ENTROPY
REDUCTION

前言

「一起有策略地利用機率對抗熵增，成為更好的自己！」

你知道嗎，有一種神奇的力量，推動你看到了這行文字。這也說明，你人生的蛻變從此刻正式拉開了序幕。

這是為什麼呢？這要從一個宇宙終極定律——「熵增定律」說起。「熵」代表一種無序程度；「熵增」表示這種無序在不斷累積；而「熵增定律」則被人們稱為物理學界最可怕的定律，沒有之一，因為它意味著一切都在從秩序走向混亂。「熵增定律」認為，在孤立系統中，如果沒有外力做功，那麼整個系統就會退化為死氣沉沉、毫無生氣的一團物質；對個人來說，「熵增定律」在我們身上出現的條件也一模一樣。第一，孤立系統：每天的工作和生活是兩點一線；第二，沒有外力做功：缺乏「外界能量」輸入做功。

過去很長一段時間，我曾和你一樣，每天上班、下班，回家玩遊戲、看小說、追劇，沒有太多壓力，也沒有太多動力，活得隨波逐流，沉溺眼前的安逸。但人總會覺醒，突然有一天，你發現這根本就不是你想要的人生，可當下的你對此無能為力。如果

你感受到了這份痛楚，那麼你是幸運的。為什麼？因為此時的你就如同《駭客任務》中的尼歐，選擇吞下了紅色的藥丸，從此可以看到「真實的世界」。不過真實的世界又是殘酷的，你雖想打破孤立系統，卻苦於沒有方向；你在職場受了委屈，卻依舊選擇「內卷」，只因焦慮35歲危機；你想努力精進，卻敵不過惰性，結果總是讓自己大失所望。以上這些，我都經歷過。

面對「熵增定律」，物理學家薛丁格說：「沒人能逃過熵增，但高手懂得對抗，生命以負熵為生。」負熵的實現也有兩個條件：第一，打破封閉系統；第二，引入外部力量做功。比如在凜冽的冬天，房間裡很陰冷，但因為你的床上有電熱毯，電熱毯的電線與電網相連，引入了外部電能做功，這才讓你的被窩格外溫暖。假設地球在宇宙中流浪，那它本身僅是個冰疙瘩。但實際上，在太陽引力的作用下，地球每時每刻都在相對合適的距離公轉運行，受到太陽輻射熱能滋養。久而久之，這顆星球逐漸有了生物繁衍，萬物生長。

電熱毯安全發熱因智慧與設計而來，地球生命的誕生因巧合與運氣而來；前者是策略，後者是機率。策略與機率將作為本書重要的關鍵詞，在後面的內容裡頻繁出現。

為了說明你有對抗「熵增定律」，透過機率成為更好的自己的策略，我根據自己實踐得出的反饋和結論，把本書的脈絡按順序梳理為「認知負熵」、「情緒負熵」、「財富負熵」、「身體負熵」、「溝通負熵」和「行動負熵」六個部分。

- 「**認知負熵**」：既是實現整體負熵的起點，也是幫你確定成長方向終局模樣的終點。你可以想像一下，在一只空碗裡放入一顆小鋼球，鋼球雖然會在自由落體後在碗中開始做阻尼運動，但它最終會被引向重力的方向，而很多人之所以迷茫，對自己的現狀不滿意，本質上是沒有想明白自己「重力的方向」應該是哪裡。而有些好不容易找到自己人生目標的夥伴，又不擅長把大目標拆解成每月、每週、每天的小目標和實際行動；在面對選擇時，也沒有到底該怎麼做選擇的成熟典範；對自己的精力、時間、注意力的分配毫無策略；沒有勝率、賠率、下注比率的意識；更別說有每次行動後反思和調整的習慣了。所以，在這個章節，我會分別用「北極星思維」、「選擇思維」、「策略思維」、「機率思維」和「復盤思維」等思維模型來協助你解決這些問題。

- 「**情緒負熵**」：你一定聽過情商這個詞，但很多人都對它有誤解。事實上，情商不是很多人想當然以為的「情商就是會說話」，它本質上是一種情緒智力，也是一個人對自己、對他人情緒的感知、認知和管理水準的體現。有人很有天賦，能很快從焦慮、抑鬱、憤怒等情緒熵裡恢復過來，但更多的人則需要從頭學習。我自己儘管屬於「更多的人」的那部分，但是透過修煉，我已經把大量閱讀後經過實踐檢驗的有效方法濃縮成知識結晶：幫助你了解我們

為什麼會陷入情緒；面對35歲危機，我們該怎麼辦；作為人生遊戲中的玩家，要怎樣在韌性、招式和抗性屬性上增加技能點來抵禦情緒熵；遭遇暫時性情緒爆擊後，有什麼實用的應對策略。在章節的最後，我還會送你一個為你精心準備的「情緒遙控器」，幫助你盡可能地去靠近情緒自由。

- **「財富負熵」**：財富負熵是有策略地對我們個人的財富做功，是撐起我們整體負熵的重要支柱。它的目標不是讓你賺到幾輩子都花不完的錢，而是讓你透過釐清思路找到路徑，透過「機率思維」和前人驗證有效的策略，讓你在財務方面擁有穩健的正現金流，從而在現實與價值觀發生衝突時（比如周圍一堆同事陷入職場「內卷」不得不加班表演給主管看時，你卻可以瀟灑地下班走人），擁有「不想幹什麼時就不幹」的骨氣。這些財務策略能讓你站在華爾街大師們的肩膀上，透過定目標、選路徑，認識歷史、認識自己、認識週期、學會資產配置、建立夢之組合、理解交易系統，戰勝人性中的貪、嗔、癡、慢、疑，用提升財務認知的方法和策略來提高投資賺錢的勝率。如果你是初次接觸投資，可能會感到有些困難，但請你相信：「路雖遠，行則必至；事雖難，做則必成。」
- **「身體負熵」**：身體負熵是另一個重要支柱，尤其在我們年齡漸長後，我們會越來越發現它是一串0最前面的那

個1，沒有這個1，再多的0也還是0。所以，雖然身體衰老，走向熵增不可避免，但本章的目標是以「吃、動、早、睡、冥」（吃喝、運動、早起、睡眠、冥想）這五種不同的身體負熵策略，去延緩衰老的到來。

- **「溝通負熵」**：認知、情緒、財富、身體，這些都是我們與自己的關係；溝通負熵則是要解決我們與別人的關係。為了實現社交自由，讓自己在處理與別人的關係時游刃有餘，我們還需要踐行溝通負熵，把溝通的摩擦成本降到最低，從而盡可能地實現彼此的共贏。在本章中，「識人式溝通」、「談判式溝通」、「結構化溝通」、「選擇式溝通」以及最後的「非暴力溝通」，都是我親測有效、能讓你在溝通場景中有高機率能夠獲益的優選策略。

- **「行動負熵」**：《與成功有約》（*The 7 Habits of Highly Effective People*）的作者史蒂芬・柯維（Stephen Covey）曾說，任何事物的達成都會經過兩次創造，一次在頭腦中，一次在真實世界裡。在最後這一章，為了讓你不僅僅是前五章知識的觀光客，也為了把這些知識內化成你自己的東西，將它們在你的真實世界裡創造出來，你必須透過行動具體化。因此，我將手把手和你一起實踐「魯莽法則」、「動機法則」、「行動法則」、「首步法則」和「湧現法則」，陪你負熵前行，最終一步步接近你想要成為的樣子。

本書是《熵增定律》的姊妹篇，也是熵增定律從原理理論到應用實踐的場景化落實。事實上，《熵增定律》作為我的第四本出版物，自發行以來受到了數萬讀者的好評回饋，大量讀者開始實踐「生命以負熵為生」，認為「價值遠遠大於價格」。

這些回饋觸動了我，給我注入了能量，讓我繼續動筆，決心更系統化地以「個人需求」為主要場景，以拆解和釐清「個人實踐負熵」為目標，盡可能幫助讀者在閱讀與實操後，生活能過得更好，在個人成就領域能拿到成果。為此，我依舊每天5點起床寫作，透過打破封閉系統，引入大量外部能量（書籍、經驗、他人智慧）做功（實踐在生活和工作中），最終把這些實踐的體感和回饋成果按照以上六大象限，梳理成你正在閱讀的這本書。

最後，我想再次與你分享我在《熵增定律》中的金句：改變的本質，是創造新經驗代替舊經驗。創造新經驗需要用新方法，獲得新回饋、新強化，並切身體驗它。

如果你是《熵增定律》的老朋友，那接下來讓我們再次開啟一趟學習之旅；如果你是新朋友，那請允許我向你發起邀請：「很高興認識你，我是何聖君，我們這就出發，一起有策略地利用機率對抗熵增，成為更好的自己！」

目錄

第一章

認知負熵：實現人生熵減的起點

認知負熵是實現整體負熵的起點，《與成功有約》的作者柯維曾說，任何事物的達成都會經過兩次創造，一次在頭腦中，一次在真實世界裡。這次，我們先在頭腦裡做一次負熵。

北極星思維：
將目標拆解成可執行的步驟

　　北極星是地球上空幾乎正對著地軸的恆星，即使地球不停地自轉，迷途的旅人只要在晴朗的夜空抬頭望天，就能透過北極星找到自己要走的路。北極星思維就是在認知上理解和找到你的目標（北極星），從此，讓你在人生旅途中不再迷路，每一步都有目標。

你要去往哪裡

　　美國耶魯大學一項針對畢業生的長期研究顯示，有3%的學生在尚未畢業時就為自己擬訂了清晰的人生目標。25年後，耶魯大學進行調查回訪的結果顯示：

　　　27%沒有目標的畢業生，生活不如意，內心充滿抱怨。
　　　60%有目標但模糊的畢業生，成為社會中下層，雖生活安定，但無特別成績。
　　　10%有短期清晰目標的畢業生，成為社會中上層人士，且短期目標達成機率很高。
　　　3%有長期清晰目標的畢業生，幾乎都成為社會中的菁

英人士或商界領袖。

你希望成為以上四類人中的哪一類？你現在是以上四類人中的哪一類？先別著急回答，我們繼續往下看。

以前有一句話：種一棵樹，最好的時間是10年前，其次是現在。但你可能會說，我的確想種一棵樹，但我目前更頭疼的是到底要種哪棵樹？

其實，哪怕你目前的狀態屬於60%的那群人，甚至27%的那群人，但只要你每天願意花時間去思考，不斷接入開放系統做功，比如讀書，哪怕看看短片，去看看別人的生活或者工作狀態，或許也會有某個「我也好想這樣」的頓悟時刻。

有一次，我在閱讀〈劉潤對談華杉〉這篇文章時，看到華杉老師有一個長遠目標：他希望自己寫的書疊起來和自己身高差不多高。這個目標瞬間觸動了我。那時我才出版了兩本心理學相關書籍，那兩本書都不厚，我把它們疊起來放在地上，發現連我的腳背都還沒超過。

儘管如此，我還是在大腦裡勾畫了未來50年的畫面：如果未來每年出版一本書，那麼到我80多歲的時候，所有書疊起來差不多也能趕上自己的身高。但這是目標，天天寫書也受不了，我希望自己在一種怎樣的狀態下寫書呢？

有一次在看短影片時，一位旅行創作者的生活狀態瞬間令我心馳神往：她幾乎每隔幾個月就會從一個地方去往另一個地方，

沿途停停走走，寫寫文章，拍拍影片。我很好奇，是怎樣的財務水準支持她顯然並不太賺錢的生活狀態呢？我詳細瞭解後，發現這位創作者已經透過資產配置，用被動收入實現了財務獨立。所以，我的第一個關於「怎麼辦」的「關鍵結果」就標記在了「50本書」的大目標之下。

瞭解人生的OKR

你可能已經看出來了，上面的例子就是一個典型的OKR結構。OKR（Objectives and Key Results）即目標與關鍵結果法，這是一套被無數國內外大公司驗證過、行之有效的管理工具，用來追蹤目標及其完成情況。這個劃時代的方法來自晶圓巨頭Intel，後來被網路巨頭Google發揚光大。

以我的目標為例：O（Objectives，目標）──寫50本書；KR1（Key Result，關鍵結果）──被動收入實現財務獨立，不再需要用時間去換錢。

有了KR1，自然還會有KR2和KR3。KR2是什麼呢？如前所述，如果我也想每隔幾個月去一個嶄新的地方，沒有健康的體魄怎麼行。於是，第二個「怎麼辦」的問題就清晰了。KR2──健康的身體支持我欣賞各地風情，避免因身體原因放棄目標。還有嗎？應該至少還有KR3，只不過暫時還沒想到，所以先空著，等到以後有明確的答案時再填入。

　　有了兩個清晰的KR，接下來怎麼做？答案是繼續拆解。比如KR1根據本書財務負熵章節裡我介紹的內容，可以拆解成兩個小目標：

- 468萬元可投資金額
- 平均年化收益率10%的收益

KR2可拆解成：

- 每天運動20至25分鐘
- 每天冥想5至10分鐘

　　KR2已經拆到底，變成每天可執行的行動了，但KR1還可以繼續拆解。

　　468萬元可投資金額：

- 讓工資收入增長
- 增加工資外收入
- 避免非必要消費

平均年化收益率10%的收益：

- 習得資產配置的認知與方法
- 習得指數基金定投的認知與方法
- 習得慧眼識別基金經理，並能長期「拿得住」基金的認知與方法

　　到這裡，聰明的你可能已經看出來了，這些小目標還能繼續拆解下去，並且由無數個策略和行動組成，這也是我接下來很長時間內將涉獵並撰寫成文章和書的內容。

　　為什麼要寫成文章呢？因為美國物理學家費曼老先生曾經說過：「教才是最好的學。」很多人抱怨：「我也看過不少書，但可恨的是每次合上書，就記不得這本書到底講了什麼。」所以為了更好地內化學習到的知識，就要寫成文章教會別人，這是我目前自己探索到感到最有效果的學習方式。

你人生的OKR

　　前面清楚地剖析了我人生的OKR，你對自己人生的OKR是否清晰呢？

　　管理大師彼得・杜拉克曾經說過：「我們總是高估一年內可以做成的事，但又往往低估自己未來五年可以做成的事。」如果你一時半會訂不出人生的OKR，可以先從五年的OKR入手。你不妨努力想像一下，五年之後，最好「版本」的你是怎樣的？

把這個畫面想清晰，想清晰後用OKR的辦法去拆解，直到拆成「可執行的行動」，或者「需要去瞭解和學習的策略或方法」。

當然，這個過程對每個人來說未必一樣，我是被華杉老師觸動到的，你可能會被其他人觸動到。所以，很關鍵的一點是「遍歷」：未曾觀世界，何來世界觀。所以，只有更廣泛地去「遍歷」更多優秀的人，才能在他們身上找到觸動你的部分，觸發並制訂出你人生的OKR。

不過，就算你制訂好了OKR也並非萬事大吉，因為後續還需要追蹤與反覆運算。我們的大腦喜歡具體，討厭抽象，所以當你把一個OKR僅僅從一個大目標拆解成一個小目標，而不是具體的某項行動時，會發現你仍舊不知道該如何開始著手。比如在「知識星球」App上運營「逆熵成長」社群就是我的一個小目標，但怎樣才能讓更多的人感知到這個App的價值呢？

所以我就要在形式和內容這兩個方面做功。形式上，必須要求自己每週一、三、五早上06：30發佈新內容。這個要求對我來說並不難，因為我有一個雷打不動的習慣——每天早上5：00起床寫500字，每兩天就能寫完一篇1000字內容的文章，一週七天寫完3篇後還有富餘產能可以作為庫存緩衝。

內容上，我所寫的東西必須要滿足星球成員的需求。我所服務的目標使用者主要是25至45歲的職場人士，這些用戶並非期望一夜爆富的異想天開之輩，而是想要以5至10年為單位實現慢慢變富，最終財務獨立，願意每天付出努力但對自己的目標尚不

清晰、行動尚缺少策略、較難堅持意圖的知識份子。因為我以前就是這樣的人，所以我對這些使用者的痛點有充分的同理心，我的行動就可以落實到以使用者能看得懂、聽得明白的語言講授使用者能操作的策略和方法上。

行動很清晰了，並且每週的工作量也都能開始運作起來了，但在具體執行的過程中，你必然會遇到問題。遇到問題時，反覆運算是必要步驟。怎麼反覆運算呢？有兩種路徑：

第一種反覆運算路徑叫作「摸著石頭過河」，該方式通常用於開展前無古人、從0到1的專案。以2021年鈉離子電池為例，如果想要開發出一款成本更低，儲能效率更高，充電更快、更安全的新型電池，無數次的探索、試錯是必不可少的，由於沒有前人的經驗，就不得不摸著石頭過河。

第二種反覆運算路徑叫作「摸著前輩過河」，人類能發展至今，一代勝過一代，關鍵就在於我們總能站在巨人的肩膀上。但人的潛意識中都會存在一定程度的自戀，以至於一些人雖然目標很明確，但往往恥於或不屑於「摸著前輩過河」，於是他們總會不自知地去「重複製造輪子」，即花費大量時間、精力把前人做過的事情又做了一遍。

所以，如果想高效地實現自己的目標，應大量閱讀、涉獵自己目標方向上前輩們的作品，這是可以幫助我們順利「摸著前輩過河」、反覆運算和改善原有行動的必要步驟。

選擇思維：
解決難題的關鍵思維

　　黃昏的森林中有兩條路，我在路口久久站立眺望，但路很深邃，一眼望不到底。

　　我想選擇其中的一條路，並把另一條留給下次，但哪有下次，因為路還會分岔。

　　最終，我選了少有人走的路，看到了別樣的精彩。

——美國詩人羅伯特·佛洛斯特

　　初次接觸這篇〈未選擇的路〉時，我只有17歲，上高二。在此之前，和大部分同齡人一樣，我的多數選擇來自父母的安排，侷限於他們的認知；在此之後，無論是高考的岔路，還是大學四年後擇業的岔路，老實說，我都交給了運氣選擇；直到2013年，我開始學會獨立思考。顯然，選擇不能只靠運氣，選擇思維是一種技術。

原則一：觀察

　　《人生算法》的作者喻穎正把一個人的決策過程分為感知、

認知、決策和行動四個部分。佛洛斯特在黃昏的森林中遇到岔路時，他開始放慢腳步，停下駐足，遠遠眺望，但不見路的盡頭。這些都是他企圖用「感知」來搜集資訊。接著他嘗試「認知」，權衡利弊：要不走左邊這條，把右邊那條留給下次？不對，因為繼續往下走，路一定還會分岔。有了「認知」後，佛洛斯特最終做出了「決策」：走人跡更少的那條。最後，他付諸「行動」，看到了別樣的精彩。

這個過程看起來一步步涇渭分明、十分清楚，但在現實生活中急若流星、四個部分交織在一起，人們在瞬間就做出了選擇。不過，如果你仔細觀察，會發現那些偏好瞬間做出選擇的人總會在選擇後懊悔抱怨：「假如當初……就好了」、「早知那時就不該……」

而另一些人雖然選擇時很慢，但通常整體選擇效果都相對偏好。這其中的最大差異是「思考率」，也就是從感知到認知，從認知到決策，從決策到行動的過程中，不是一晃而過地自動選擇，而是主動停下來思考的比率。

整體選擇效果＝思考率 × 思考品質

自從我「摸著喻穎正老師過河」，習得該公式後，每次需要我做較大選擇時，我都會告訴自己：給我一點時間，讓我傾聽一下內心的聲音。

在理解了思考率的基礎之上，進行選擇時要關注的是思考品質，其中「觀察」是提高思考品質的重要因素。比如個人理財投資的選擇就是最考驗思考品質的場景：「理財的森林」有兩條路，一條路是直接買股票，另一條路是買基金。買股票這條路會分岔到數千支股票上；買基金這條路也至少會分岔到主動型基金、指數型基金上；主動型基金又會分岔到股票型、混合型、債券型基金上，指數型基金也會分岔到廣基型指數、窄基型指數上……

面對如此紛繁複雜的選擇，你會怎麼做？很多人的選擇是根據身邊人的推薦，在某個選擇當中買入，結果很可能是慘敗而歸，黯然離場。但也有極少數人透過觀察發現：10%買股票的投資者賺錢，20%的盈虧平衡，70%的虧損；而買目前被顯著低估的指數基金，3至5年後有90%的機率可以賺錢。如果你也和大多數人一樣，不觀察，沒有輸入；或者觀察了，但輸入很少，那即使思考率再高，恐怕也拿不到高品質的選擇效果。

原則二：試錯

進行選擇時只觀察是不夠的，在岸上觀察別人游泳自己永遠也學不會，所以「試錯」是必不可少的步驟。在投資領域，許多大型投資機構也依舊要用試錯的方式來找到耗能最小、產出最大的路徑。

我曾在《熵增定律》這本書裡介紹過投資機構的試錯方法。

如果要投1億元，會分成4份，每份2500萬元，投給100家新創公司各25萬元。一段時間後，由於「80／20法則」的存在，20%的小公司活了下來。再拿出第二份2500萬元，投給這20家公司，每家各125萬元，其中有4家企業發展良好。第三份2500萬元，投給剩下的4家，每家600多萬元，其中總有1到2家會運營得特別好。最後的2500萬元投給這1到2家特優公司，最終賺到的錢將遠遠超過總投入1億元的原始資本。

對個人來說，無論是職業發展還是個人投資，也是一樣的思路。大學畢業後那10年，在自己收入相對較少時，要不斷去試錯，用1至3年的時間一邊充分瞭解自己和行業、職位的匹配程度，一邊去觀察下一個值得試錯的方向。透過3至5次跳槽、換工作，找到符合自己天賦使命的地方，在這塊區域去深度打磨自己的核心競爭力。這樣到了職業生涯中後期，就能很快賺回之前由於試錯、折騰而損失的收益。

同樣，在做理財投資時，無論是「指數基金低估定投」，還是「股債均衡資產配置」等投資方式，我們都可以透過多帳戶試錯，確定自己的投資風格更適合哪種類型。

那什麼時候是試錯結束的時間呢？《決斷的演算》（*Algorithms*

to Live By）的作者、2009年人工智慧洛伯納大獎得主布萊恩・克里斯汀（Brian Christian）和加州大學認知科學教授湯姆・葛瑞菲斯（Tom Griffiths）總結出一個「37%法則」。意思是說，人們在做選擇時，可以設法把「觀察、試錯」和「最終選擇」分成兩段，前37%的時間用來觀察、試錯，記住讓自己最滿意的部分；而在37%的關鍵點過後，一旦看到了和滿意情況下差不多的選項，就不要猶豫，立刻選擇它。

所以，假設一個大學畢業生在25歲時初次踏入職場，將來在60歲退休，那37%的關鍵點正是工作的第13年，〔即（60－25）×37% = 13〕，也就是大約38歲的時候。

同樣的，對於個人投資者來說，如果大約30歲開始初次投資，人均壽命假設為80歲，那麼投資觀察與試錯的時間可以長達18.5年〔即（80－30）×37% = 18.5〕。由此也可以看到儘早開始投資的必要性。

原則三：創造選項

除了觀察、試錯，在諸多選擇中挑選出一個最適合自己的選擇，有沒有更激進、更有效的方式呢？

《一千零一個點子之後：NETFLIX創始的祕密》（*That Will Never Work: The Birth of NETFLIX and the Amazing Life of an Idea*）中講過一個原則，Netflix的員工把它稱為加拿大原則。當年

Netflix 在發展過程中曾經面臨過一個「是」或者「否」的決策：是否要把郵寄DVD租賃業務拓展到加拿大？因為這樣做可以立刻讓公司的整體收入提高10%。

如果你是CEO，你會決定做還是不做呢？公司開展動腦會議，分析利弊：加拿大離美國很近，郵資也很便宜，卻存在兩個問題。

第一，加拿大很多地方的語言都用法語而非英語，使用的貨幣也是加元而非美元（但又都叫dollar，極易混淆），且郵資也不一樣，在當時需要人工來區分，所以這件事情並沒有想像中那麼簡單。

第二，如果做這項業務，投入的時間和精力將超過10%，就算額外雇人來開拓該業務，也只是在「為社會打工」，看不到超額收益。

這時，一個聰明的聲音響了起來：那除了拓展郵寄DVD租賃業務到加拿大，公司還有沒有其他業務拓展的選項？這位同事真是提出了一個好問題。當時訂閱模式代表未來趨勢，而要致力於訂閱模式的業務，同樣需要消耗員工很多的時間和精力。經過一番思考，在「是」與「否」的兩個選項外，又額外增加了第三個選項。

後來，Netflix把類似的決策場景摺疊成「加拿大原則」，每當他們要做出重大決策時，都要去審視時間、精力、金錢等稀缺資源是否還能流向其他更有價值的地方。

你看，創造選項的思路，是不是就好比羅伯特・佛洛斯特在兩條道路之外又找到了一條不容易被發現、但更有效果的第三條路？

我也曾對創造選項深有體會。2017年，我所在的一家傳統製造公司其他事業部的主管向我伸出橄欖枝，對方暗示我，只要我過去，將在半年後有較大的薪資調整。

在我深思熟慮、傾聽內心的那段時間，我偶然打開招聘網站，居然看到了自己最喜愛的手機 App 正在招募「熱愛學習，文字底子強」的夥伴。

彼時，我以「已寫成40萬字，兩本書即將出版」為重要優勢，獲得了這家夢寐以求的企業的面試機會。接著又在面試後，立刻將當天與公司副總裁討論的話題寫成一篇推文，並發送給對方。僅僅隔了一天，我就收到了 offer，從傳統製造業完成了個人轉型，在兩個選項之外創造出了第三個選項，最終成為網路獨角獸企業的營運經理。

在這之後，我感覺自己融入了一朵巨大的浪花，從活動營運到社群營運，從用戶營運到與國內知名企業商務洽談，澈底與一個開放系統對接，不斷地與形形色色的外力「協同做功」。並且直到現在，這些開放系統中的營養也有很大一部分成為我認知提升的重要來源，支援我在寫作這條路上產出了理論結合實踐的優質內容。

這一年，我離38歲只有兩年。有趣的是，羅伯特・佛洛斯

特也是在大約38歲的時候完成了個人的轉型與躍遷。

在此之前，羅伯特‧佛洛斯特只是一個普通的教師，偶爾幫人打理農場，寫詩只是他的業餘愛好。1912年，由於他的詩歌暫時沒能獲得美國社會的認可，擺在他面前的似乎只有兩條路：放棄詩歌或者繼續一邊工作一邊做個「斜槓青年」。

但一個大膽的選項在他的腦海出現：遠渡重洋，去英國倫敦出版他的詩集《少年的心願》（*A Boy's Will*）。該詩集出版後，英國評論家的讚譽終於引起了美國出版社的重視。之後羅伯特‧佛洛斯特四次獲得普立茲獎，並被盛讚為「美國文學中的桂冠詩人」。

策略思維：
幫你獲得持續行動力

有了目標（北極星），有了路徑（選擇）就夠了嗎？如果你讀過《熵增定律》，一定會對這個故事印象深刻。

一個普通的媽媽，生了個普通的孩子，但媽媽的一個動作讓這對母女變得不普通，因為媽媽從女兒出生那天開始，每天都會幫她拍照，1年365天，從不間斷。女兒18歲那年，媽媽辦了個攝影展，攝影展的主題就是「女兒」。遊客從女嬰第一天的照片一路看到第6000多天，見證著一個女孩以肉眼可見的速度成長。最後，在攝影展終點處，等待著遊客的居然就是這位女主人。如果你是前來觀展的遊客，你說震撼不震撼？

女兒誕生的那一天，母親可能早已在頭腦裡構建了一個長期目標（18年後辦攝影展），同時也想好了實施路徑（每天拍1張照片）。但是，如果這位媽媽拍攝了一段時間就中斷了，那恐怕再好的目標、再優的路徑也只能淪為很多平庸人的感嘆：「想當初，我有一個絕妙的想法……」很顯然，在負熵之路上，你還需要策略思維幫助你完成行動。

　　什麼是策略思維？策略思維不是大力出奇跡，而是用綿長的小股力量推動自己，持續保持負熵、保持前進的節奏。策略思維是一種意識，由於篇幅的限制，在本小節我會挑選對認知負熵來說重要的三種策略來講，本書的第六章將專門探討更多實用的行動策略。

減法策略

　　你見過年初興致盎然地為自己訂立十大目標的人嗎？

　　「讀50本書、減肥5公斤、報吉他班、考研究所、去西藏、學烹飪、學攝影……」試問這些年度目標最後完成了幾個？是不是單單看上一眼就覺得喘不過氣？

　　你見過每天的待辦清單寫得密密麻麻，彷彿打了腎上腺激素的同事嗎？是不是他們在你的印象中大都「看似操作猛如虎，實際業績不達標」？沒錯，少則得，多則惑；多帶來的往往並不是富饒，而是低效與焦慮。

　　「斷捨離」的創始人山下英子在《捨：做減法的勇氣》裡寫道：「拋棄『不需要的物、事、人』，集中精力於『重要的物、事、人』，才能順利工作，享受人生。」

　　無獨有偶，Intel前CEO安迪・葛洛夫（Andy Grove）在談到OKR的目標設定時，也強調過「少即是多」。因為同時設置太多的O（目標），試圖完成太多的事情並無實際意義，甚至當

目標設定者由於訂了太多目標而記不清時，時間和精力的分配必然就會「失焦」。

這個結果簡單算筆帳就會很清楚：我們假設一個O對應3至4個KR（關鍵結果），一個KR需要匹配3至4項行動，如果你有6個O，那麼你所需匹配的行動就將達到至少$3 \times 3 \times 6 = 54$項。面對54項行動，就算你一週7天只推進一次，那麼每天被分配到的行動算上週末也要有7至8（54項÷7天≈7~8項／天）項。

請想像一下，每天剛睜開眼就必須要完成7至8項行動的畫面：比如看書、寫作、運動、畫畫、練琴、學習、跳舞。這些都要以高品質完成一次練習，這是一個正常人類能長期和持續完成的嗎？

所以，為了有效達成目標、實際施行路徑，請確保同一時期你的O不要超過3至4個。即每週$3 \times 3 \times 3 = 27$項行動，確保每天高品質地完成3至4項（27項÷7天＝3~4項／天）重要行動足矣。

我很慶幸，自己在成長和推進目標的過程中，從來沒有對自己提出過太過苛刻的要求。

2017年：

　　留在網路公司──完成

　　出版《行銷心理學》──完成

　　實踐價值投資──完成

2018 年：

　　在公司拿到高績效——完成

　　出版《博弈心理學》——完成

　　實踐價值投資——完成

2019 年：

　　推進公司創新專案——完成

　　出版《行為上癮》——完成

　　實踐價值投資——完成

　　減重 5 公斤——完成

2020 年：

　　轉換部門以補齊內容，產品部門的系統認知——完成

　　出版《熵增定律》——完成

　　研究基金策略——完成

2021 年：

　　推進公司創新專案——完成

　　出版《自驅型成長》——完成

　　實踐基金資產配置——完成

由於寫作已經變成舒適區裡的行動，真正需要花費心力、體

力、腦力的全新目標並不多，因此，要確保3至4個年度目標相對順利地完成就不會很困難。

環境策略

　　減法策略能讓行動更聚焦，那環境策略又是什麼呢？所謂環境策略，是指充分利用環境的力量，讓你行動起來更順暢的策略。我施行過兩類環境策略，它們都有不錯的效果。

　　第一類環境策略：在固定時間、地點做固定的事。

　　這是什麼意思？比如我每天05：00起床後的第一件事情就是打開Surface寫作，把前一天無論是閱讀、工作還是投資上的領悟輸出成500字，並且保存在「Evernote」App中的「昨日獲得」欄目裡。

　　這些每天獲得的總結都透過文字留存成一個個知識結晶，當我需要使用的時候會把它們挑選出來稍做加工處理，然後嵌入我的文章。除此之外，自從公司的運動室開張後，我還在那裡建起了第二個「小環境」：我會在每天08：15前往運動室，在第二個橢圓機上進行20至25分鐘強度為12的訓練。

　　在固定時間、地點做固定事項的好處，是無須動用過多心力，行動就會像流淌的水一樣自然發生。例如Facebook創始人祖克伯偏好購買許多同一款式的衣服，每天起床不必動用心力挑選服飾，這樣就能把心力這種稀缺資源節省下來，用在更有價值

的地方。

第二類環境策略：同頻場域。

相信你見過在商場門口跳廣場舞的大齡姐姐們。我們先不討論這種活動是否擾民，如果你是新手，你一個人想在一個全新的場地上跳舞是跳不起來的，因為哪怕是周圍人看你的一個眼神都會讓你選擇退縮。但如果當天晚上已經有許多這樣的姐姐在跳舞，此時，哪怕是個小朋友都能很自然地跟著節奏、模仿別人的動作融入進去。

這就是同頻場域的力量。在這樣的場域中，一個人的動作會引起第二個人的積極反應，第二個人的反應又會繼續傳導給第三個人、第四個人……當越來越多人的反應趨於一致時，同頻場域的助推作用也就越來越強大。

事實上，這也是我在「知識星球」App上建立「逆熵成長」這個知識類社群的原因。我以自身之力，在每週一、三、五固定時間把我提煉的知識結晶投入其中，也會助推星球裡的其他人產生反應。當連鎖反應不斷被觸發時，同頻場域中的所有人就能在此場域中獲得行動的能量。

約束策略

在中國很多人都喜歡戲謔地說：「高考前後是自己文化水準最高的時候。」這句話有一定的道理。因為當時身邊存在諸多約

束：老師的、家長的、時間的約束，甚至是整個社會帶給你的約
束。

　　我自詡是個自律的人，但每次寫作效率最高的時間段，卻也
是在和出版社簽訂合約的那幾個月，約束的力量可見一斑。為什
麼約束的力量會那麼強呢？

　　第一，是人類的「承諾與一致性」特質在起作用。比如得
到公司創始人羅振宇，他公開承諾要堅持 10 年，每天早上錄製
一條時長 60 秒的語音；堅持 20 年做跨年演講。羅振宇曾經自嘲
說，廣告商長期的贊助費都收下了，能不履行承諾嗎？

　　第二，約束排除了許多干擾，能讓人聚焦，心能靜下來。很
多人都有一個體驗，飛機上已經成了絕佳的閱讀場所。因為飛機
上沒有手機信號，飛機上放映的電影大多也都看過，當你做不了
其他的事情，只能看書時，這段完整的時間就能讓很多人內心平
靜地閱讀一本書。

　　實行約束策略的方法也並不複雜，比如中國國內有一個叫
「打臉 flag」的 App。你公開承諾做某個行動，並押一筆錢，如
果沒有準時完成行動打卡，所有圍觀、評論、點讚的人都能瓜分
你的押金。這就給了你不小的動力，促使你完成承諾。

　　當然，如果不想用如此激烈的方法，還有其他選擇。比如進
入深度工作或學習前，把桌子整理乾淨，移走所有可能干擾自己
的瑣碎物件，同時將手機放在另一個房間來讓自己心無旁騖，也
是很有效的方法。

機率思維：
用機率來分配人生資源

行動就一定會有好的結果嗎？

不是的，行動能不能有不錯的產出，有時候還要靠運氣。

什麼？一本講負熵的書居然開始講玄學？確定沒選錯書嗎？

你的心裡是不是有「十萬頭神獸在奔騰」：好不容易開始向著北極星，沿途觀察、試錯，甚至不惜披荊斬棘創造選項，依靠策略持續行動起來了，你居然告訴我「還要靠運氣」？那我一切的準備和努力豈不都白費了？

當然沒白費。只是在真正開始之前，你還需要補充機率思維來管理運氣。

什麼是機率思維？它是基於深刻理解勝率、賠率和下注比率三個關鍵要素的一種思維方式。

勝率、賠率和下注比率

勝率是獲勝的概率，用公式來表達：

勝率＝成功次數／（成功次數＋失敗次數）

　　假如一個袋子裡共有100個小球，其中90個是紅球，10個是黑球。現在你可以任意從袋子裡摸一個小球，你希望摸到紅球算贏還是摸到黑球算贏？問題的答案連小學生都知道，因為摸到紅球的機率是90%，而摸到黑球的機率只有10%，誰選摸到黑球贏，誰就是傻了。

　　可是，事實一定是這樣嗎？

　　現在，我們加入賠率的因素。

　　賠率是賭博公司的一個收賠指數。

賠率＝獲勝盈利數／失敗虧損數

　　比如押一匹黑馬跑贏白馬要花10元，但只要黑馬勝出，就能贏20元，那麼此時押黑馬贏的賠率就是2倍（20÷10＝2）。

　　回到摸紅、黑小球的遊戲，我們知道摸到紅球的機率高，有90%；摸到黑球的機率低，只有10%。但假如摸到紅球的賠率是1.2倍，而摸到黑球的賠率是120倍（即花1元摸小球，摸到紅球獎勵1.2元，但摸到黑球獎勵120元），那麼只要摸小球的次數足夠多，是不是就應該毫不猶豫地去選擇摸到黑球算贏呢？

　　你可能馬上就要表示贊同了，但我還是勸你先等等。因為除了勝率、賠率，我們還要考慮下注比率。下注比率決定了下注時你要押多少籌碼。

　　繼續來摸紅、黑小球。假設有一個玩家，他充分考慮了勝

率和賠率，於是與對方商定摸 1 萬次。不過此時對方提了一個要求：每次必須把所有的籌碼都押上。

這就沒辦法好好玩了，對嗎？因為全押黑球，很可能第一輪就會輸個精光；而如果全押紅球，就算 100 個小球裡裝上 99 個紅球，也很可能在某一次輸個精光。

所以，把所有籌碼都押上的這項設置就是一個坑，對嗎？先別急著說對，因為還是有解的。比如儘管需要把所有的籌碼都押上，但每次押注時，你可以把 90% 的籌碼押給紅球，10% 的籌碼押給黑球。那麼此時如果摸出的是紅球，黑球部分的籌碼的確全都損失了，但紅球部分則有 1.08 倍（99%×1.5 ＝ 1.08）的收益；如果摸出的是黑球，那麼紅球部分的籌碼雖然也都損失殆盡，但黑球的收益部分高達 12 倍（10%×120 ＝ 12）。

這就是典型的對沖。你看，是不是懂點機率思維就能保證獲利，而且如果有黑天鵝事件出現，還有大豐收！

從「機率思維」到「用機率來思考」

17 世紀以前，歐洲人認為這個世界上所有天鵝的顏色都是白色，直到人們在澳大利亞發現了黑色的天鵝，這才顛覆了他們的認知。

在現實生活中，凡是發生機率很小，但又具有重大影響的事件，被統稱為黑天鵝事件。比如鐵達尼號撞冰山、2001 年美國

911事件、2008年金融危機，這些都被稱為黑天鵝事件。

黑天鵝事件的發生機率雖小，但每隔一段時間總會發生一次，這是怎麼回事？這種現象依然可以用機率思維來解釋。1%的機率低不低？50%的機率高不高？

假設一件事情發生的機率是1%，重複做多少次發生的機率就會變成50%？答案是68次。因為1%的發生機率等於99%的不發生機率，而99%的68次方約等於50%。（1–50%）的不發生機率就等於50%的發生機率，因此只要一件事情發生的機率是1%，重複做68次後，那麼它發生的機率就高達50%。

巴菲特曾說，有些事情我知道肯定會發生，但是我不知道什麼時候會發生。如果你的面前有一個袋子，袋子裡有1000個球，其中銅球有750個，銀球有240個，金球有10個；銅、銀、金三種球的賠率分別是1.1倍、10倍、100倍，此時，你該如何押注才更合適？

別去糾結銅、銀、金三種球到底該如何押注了，因為到這裡為止已經很難再有反轉。「勝率、賠率和下注比率」的機率思維你現在已經大致理解了，你甚至還看透了黑天鵝事件隨著次數增加必定會發生的本質。

除非隨著時間的推移，袋子被別人換了，裡面的銅球減少，銀球、金球的數量變多。不過即使如此，我相信你一定也可以根據變化做出有效的調整。

機率思維作為一種數學遊戲，的確能帶給人智力上的快感，

但這和認知負熵有什麼關係？

事實上，負熵的過程就是把無序變為有序，把抽象變成具體的模型，其中就包括從「機率思維」到「用機率來思考」的過程。接下來是你在真實世界中，需要具體去用機率來思考的三個運用場景。

場景一：「打工人」場景

網路上流行一個詞叫「打工人」，我覺得該標籤對於職場人士而言十分貼切，因為這個世界上大多數人都符合打工的三個特徵：受雇於人、本身不是老闆、工作薪酬為主要收入來源。

受雇於人，意味著下到執行人員，上到經理、總監，他們都只是公司的雇員；本身不是老闆，是指既不用承擔公司破產的償債風險，也無法享受公司大幅盈利所帶來的超額收益；工作薪酬為主要收入來源，說明「打工人」在打工場景下通常沒有額外收入。

這三種屬性決定了「打工人」（除了極少數高階主管）單單靠打工很難成為富人。所以，對於大多數人來說，「打工人」這種身份，可以被理解為勝率高、賠率低的銅球。

場景二：投資場景

由於短期炒股7虧2平1贏的客觀存在，很多涉獵過股票的投資者往往談股色變。

事實上，從長遠的歷史來看，股票沒有那麼可怕。根據華頓商學院教授傑諾米・席格爾（Jeremy J. Siegel）所著的《長線獲利之道》（*Stocks For The Long Run*）之中的數據統計，美國股票從1802年到2002年這200年間，年化收益率為8.1%，是中國普通銀行理財收益水準的2倍左右。

而在中國，若以滬深300指數為例，該指數從2004年12月31日開始，起點為1000點，截至2020年12月31日的5211.29點，16年間漲了5.21倍，平均年化收益率更是達到了10.87%。

可是為什麼長期年化收益率那麼高的股票，短期卻有90%的人表示賺不到錢呢？這部分的問題我們會在第三章的財富負熵裡詳細討論。這裡我想得出的一個結論是：從長期來看，股票指數投資是勝率較高、賠率也較高的銀球。

場景三：第二曲線場景

看到了銅球和銀球，輪到金球登場了，金球就是第二曲線的場景。

第二曲線是英國管理思想大師查爾斯・韓第（Charles Handy）的著作《第二曲線：社會再造的新思維》（*The Second Curve: Thoughts on Reinventing Society*）的重要理念，原指企業發現新的競爭力，是實現轉型和持續生存的關鍵。比如Apple手機是Apple電腦的第二曲線，Netflix的訂閱服務是DVD租賃業務的第二曲線，抖音是位元組跳動公司之於今日頭條的第二曲線。

在本節，我們討論的是個人第二曲線。比如寫作是我的第二曲線，我的計劃是出版50本書，如果個人寫成一本超級暢銷書賺取豐厚版稅的概率是5%，即失敗率為95%，那麼95%的50次方就是7.7%，1－7.7%＝92.3%。

如果以上假設為真，那麼我依靠個人第二曲線獲取豐厚被動收入的概率則能高達92.3%，甚至還有在地球上留下個人印記的微小可能。

更何況，隨著一本又一本出版物的交付，我自己的寫作水準也會越來越高，甚至寫作還能影響我作為「打工人」的角色，讓我在打工場景中也能透過內容能力表現得更出色。

所以，從第二曲線場景來講，個人第二曲線顯然是勝率低、但賠率可以很高的金球。

現在，現實生活中勝率高、賠率低的銅球，勝率較高、賠率也較高的銀球，以及勝率低、賠率高的金球都呈現了，要怎麼押注才比較合理呢？

在我看來，銅球是基本盤，是人們賴以生存的保證；銀球是謀發展，是個人大機率實現財務獨立的有效路徑；金球是求突破，為我們在這個世界上留下些許印記提供可能性。

而且由於每個人一天的時間都只有24小時，這就意味著每個人每天不得不把自己的時間、精力等籌碼統統押完。

與此同時，「銅球，『打工人』場景」至少佔據8小時是社會規則，而且為了升職加薪，免不了需要加班；而「銀球，股

票指數投資場景」，如果學習和認知有跟上，反而花不了太多時間；「金球，第二曲線場景」則要至少每天抽出一定時間，用好策略，日拱一卒，持續推進。

　　所以，如果你問我面對以上的現實情況要如何分配下注比率，我認為85%到90%押銅球、2%到5%押銀球、5%到13%押金球，是一個大致合理的配置。

復盤思維：
用復盤來提升自己的成功率

　　本節是整個認知負熵章節的復盤部分，我們來說說復盤思維。復盤原來是圍棋術語，指一盤棋結束後，把整盤棋在棋盤上重新擺一遍，從而審視在對弈過程中招法的優劣。而復盤思維則是一種習慣，這種習慣能幫助我們透過自我反思，來審視在實現目標的路徑中使用策略的優劣。

　　蘇格拉底曾說過，沒有反思的人生不值得過。可是，知道要復盤和真正會復盤是兩回事。不會真正復盤的人，都只是在假裝復盤；而假裝復盤的人，通常會跌進兩個誤區。

復盤的兩個誤區

　　誤區一：復盤的主體到底是我還是你。比如，我們都說要從自己身上找原因，但你會發現，很多時候跌進第一個誤區的人卻往往會對別人說，遇到問題要從自己身上找原因。言下之意就是：「來來來，開始從你自己身上找原因吧，趕緊。」

　　或者也有人會這樣說，這件事我自己要復盤，你也可以說說你的復盤。然後他就眼巴巴地看著你，在等待你做復盤。雖然方式溫柔不少，但歸根結底還是在希望別人做復盤，企圖改造別

人，而對於自己要怎麼做才能更好幾乎沒有思考。

到底怎麼做才是正確的復盤進行方式呢？我曾遇到過這樣一任主管，他的做法給了我很大啟發。當時大家在做專案復盤，作為主管，他說：「別人改不改變是別人的選擇，不過這件事情給我帶來的觸動主要是……」這裡他主要講的就是自我復盤和改變的內容。

聽了主管的復盤，我體會到了高階管理者平時並不顯性化的內心，而且主管的復盤也觸動了我的反思，讓我也開始養成復盤的習慣。

誤區二：復盤的模式。普通人對復盤的理解一般都是錯的。復盤不是悔恨，更不是自我批判，而是有步驟、循序漸進地梳理思路，找到更好的行動方向。這樣的過程就構成了復盤工具TTPA。

T：Target的簡稱，是指對目標進行回顧。現在的結果和計劃中的結果相比，到底哪裡有差異？比如很多人覺得閱讀書籍沒什麼用，原因在於讀書前抱很大期望，覺得自己在讀完一本評價很高的書後就可以有很大收穫（目標），但當自己好不容易堅持讀完最後一頁時，卻發現整本書的內容自己都記不得什麼了，更不要說有什麼收穫了（結果）。

T：Tactics的簡稱，是指對策略進行復盤。為了實現目標，當初是否選擇了正確的策略？如果再來一遍，選擇什麼策略可能效果更好？依舊以讀書為例，有人發現閱讀效果不好時，就開始

調整策略：不是簡單地閱讀，而是一邊讀一邊在書本上劃重點、記筆記，甚至把整本書的結構拆解成心智圖，留存下來的筆記和心智圖就是他學習這本書的收穫。

不得不說，記筆記、畫心智圖的策略的確要比單純閱讀效果更好。可是，依舊有人對此不滿意，於是，他們開始往更深層次挖掘。

P：Process的簡稱，是指過程中我曾經出現過什麼心態。在這樣的心態下，我做了什麼選擇，做出了什麼行動？我自己就曾經歷過一邊閱讀，一邊開著一個XMind軟體繪製心智圖的時期。在此過程中，我發現自己最快樂的時候不是把一個個知識結晶記錄下來，而是把心智圖分享到社群，獲得朋友圍觀、點讚的時刻。當我意識到自己期望在他人面前顯得很厲害的心態時，我如遭雷擊。閱讀的目標不是為了讓自己顯得很厲害，而是真正地改變自己的某種思維或行為習慣，習得某種策略，從而變成更好的自己。

A：Action的簡稱，是指接下來的行動。分析接下來哪些事可以繼續做，哪些事要停止做，還有哪些新行動要著手做。繼續閱讀更多優質的書籍，在書裡和更聰明的頭腦對話，「摸著前輩過河」是繼續要做的事；寫讀書筆記、繪製心智圖發社群可以停止做；把學習到的知識內容變成自己的語言，結合自己的思考和經歷，輸出成文章、寫成書則是著手做的新行動。這樣的新行動不僅幫助我站在巨人的肩膀上，獲得了他們的見識，養成了諸如

早起、寫作、運動、冥想、投資等習慣，還讓我系統化地梳理了這些知識，並且把如何運用知識變成能力和財富的經驗變成了一本本書。

的確，使用TTPA復盤的過程需要消耗大量能量，但對於重要的事情，只有對抗熵增做功，有策略、有模式地動用腦力、精力、時間來復盤，才能產生更好的效果，為你的北極星目標服務。

下面我們來對認知負熵這個章節的一部分來做一次復盤。

復盤實例操作

第一，復盤目標

T：對目標進行回顧。你的目標是什麼？你的目標是短期目標還是長期目標？如果你的目標不夠清晰，你對尋找目標的策略做過復盤嗎？如果你的目標很清晰，你對目標做過拆解嗎？拆解出來的關鍵結果完成情況怎麼樣？

T：對策略進行復盤。以尋找目標的策略為例，我的策略是盡可能多看走在前面的前輩。因為陽光下沒有新鮮事，前輩已經走完或正在走的路徑，只要符合你的心之嚮往，那麼很可能也是你的短期甚至長期目標。

P：過程中，曾經出現過什麼心態。在尋找目標的過程中，

你曾經出現過什麼心態？比如原以為找到了自己的北極星，不過某天遭到了巨大的打擊，然後又開始迷茫了。或者現在的大方向大概是對的，但總是模模糊糊看不清楚，想換一個方向又不甘心。

A：接下來的行動。無論如何，一開始總是一個試錯的過程。所以試錯可以繼續做；明確感到不符合內心的事情要停止做；可能有突破的新方向可以著手做。

第二，復盤選擇

T：對目標進行回顧。人的一生有許多選擇，平均每7年就會出現一個重大選擇。上一次選擇時，你的選擇是盲目的還是根據北極星的方向而定的？比如轉行就是一種選擇，但不少轉了行的人又擔心轉行會導致「沉澱不下東西，晉陞會很慢」，這就是沒有根據北極星來做選擇的典型。比如我從傳統製造業轉行去行動網路公司是基於對曾鳴教授所著《智能商業》中「點線面體」的認知。因為個人作為一個「點」依附於部門之「線」，部門之「線」又鑲嵌在公司之「面」，而公司之「面」又隸屬於行業之「體」。傳統製造業與行動網路業的增長速率顯然不能同日而語，以前每天17：00準時下班，工作壓力相對較小，而現在幾乎每天都要工作12個小時。但從這幾年的收入和認知的增長情況來看，在認知持續提升的北極星目標之下，基於「點線面體」的選擇並沒有讓我失望。

T：對策略進行復盤。當時在做選擇時，你的策略是什麼？很多人期望依靠人力網站、獵頭來實現轉行，但對方對你知之甚少，且你的經歷不太符合目標行業的特點，所以你的簡歷很可能在抵達用人部門之前就被HR淘汰下來了。怎麼辦？答案是挖掘你的弱關係，先繞過HR，讓用人部門率先發起主動邀約。比如我在看到人力網站上的資訊後，並沒有選擇直接去投簡歷，而是在我母校校友群裡先搜索一下有沒有在該公司任職的同學，並成功透過校友把簡歷直接傳遞到用人部門的負責人手上。而且我的寫作經歷超預期地符合該崗位的特殊要求，很快我就收到了面試邀約，甚至還免去了HR面試的環節。

P：過程中，曾經出現過什麼心態。入職後，我發現所在的事業部是這家網路公司的第二曲線，拓展創新業務。創新業務的商業模式要是不清晰，甚至和創業公司一樣，往往會九死一生。同事中有人抱怨「模式不清是最大的弊端」，但我認為這是一個不可多得的「公費創業」機會：失敗了，至少每個月的工資不會少；成功了，升職加薪又少不了。雖然過程的確很折騰，但正是因為折騰，所以我才不是系統裡平凡的螺絲釘、工具人，而能成為一個發動機。

A：接下來的行動。創新業務折騰了兩年，終於還是以轉型告終，從To C（面向個人使用者）業務轉型為To G（面向政府客戶）業務。整個過程中，我發現自己無論是內容能力還是產品能力，都未曾得到系統的訓練。因此，我接下來就採取了這樣的

行動：停止做轉型後的業務推進，繼續從事面向個人使用者的業務，調職並開始對自己進行系統化的內容和產品能力的訓練。

　　到這裡，我已經帶你完成了關於目標和選擇的復盤訓練，我想邀請你試著對自己的策略和機率來做復盤練習。請千萬不要隨意地翻過這一頁，否則這本書又會變成你讀過的「看起來有點道理，最終卻沒什麼實質收穫」的許多本書中的一本。

第二章

情緒負熵：
提升情緒智力的熵減法則

你一定聽過「情商」這個詞，但很多人都對它有誤解。事實上，情商不是很多人想當然以為的「情商就是會說話」，情商本質上是一種情緒智力，它也是一個人對自己、對他人情緒的感知、認知和管理水準的體現。要提高情商，你需要學會情緒負熵。

情緒熵：
擺脫焦慮的兩大途徑

　　情緒的感知、認知不是加減算數，很難簡單地用理性來管理，不信的話我們可以進行一個思考實驗。

　　早上，你吃了一頓母親給你準備的精緻早餐，其中有各種你喜愛的美食。上班路上的交通也十分通暢。到了辦公室，你的工作效率很高，很快就進入專注狀態，完成了上午的任務。中午，你和同事一起去預定了很久的網紅餐廳吃飯。午後，部門的同事又送給你一杯奶茶。下午16:30，你的部門開例會。主管今天的心情很怪異，你正好撞在槍口上，被莫名其妙地批評了。

　　此時下班路上的你會給這一整天打幾分呢？是不是分數不高？可是如果仔細想想，今天總共發生了4件好事，只發生了1件壞事，怎麼情緒就這麼低落呢？

進化而來的消極偏見

　　事實上，這和我們人類進化的歷史有關。遠古時期，人類在整個自然界中是非常脆弱的種族。基因突變讓一部分人天生會把注意力聚焦在正面，他們積極向上、勇敢樂觀，面對強大的猛獸都不會恐懼；另一部分人則更關注負面，他們深思熟慮，偏好規

避風險、恐懼和焦慮，他們寧願躲在潮濕陰冷的山洞裡，也要避開和強大的敵人正面交鋒。

所以，在進化的過程中，很多關注正面的勇士都在與猛獸、外族的交鋒中犧牲，他們的基因逐漸泯滅於浩瀚的歷史中，成為少數派；而被勇士保護、蒙受庇護與恩澤的負面關注者的基因則延續到了現代，他們以七十多億人口之巨，成為如今地球的主宰。

是的，那些被我們避之不及的抑鬱、焦慮等情緒熵的果，恰恰是我們的祖先賴以生存和繁衍至今的。

這種偏向於關注負面情緒的特質，在積極心理學中被稱為「消極偏見」。根據美國心理學者大衛・邁爾斯（David Myers）的研究，現代人關注抑鬱、憤怒、焦慮等負面情緒的注意力，是關注快樂、滿意等正面情緒的14倍。

消極偏見雖然是我們現代人基因中的本能，但實行負熵不就是要主動做功，使用策略成為更好的自己嗎？但具體要怎麼做呢？在討論怎麼做之前，我們需要先進一步瞭解大腦的兩大特點。

第一個特點是你高機率聽到過的邊際效益遞減，即大腦在同一種享樂刺激下，其所帶來的滿足感會隨著次數的增加而降低。比如富蘭克林・羅斯福是美國歷史上唯一連任四屆的總統。有記者在羅斯福第四次當選時詢問他的感想，這位總統一連給該記者吃了4塊麵包，讓記者也親身感受一下連續體驗同一種刺激的感

覺。

　　可見，由於邊際效益遞減的存在，諸如父母對自己的好、羊肉串的鮮美等更多的感官刺激很難為我們帶來持續滿足。

　　第二個特點和一項著名的心理實驗「看不見的大猩猩」有關。在網上搜索「為什麼你沒看見大猩猩」就可以看到這個實驗影片，我建議你先看完這個不到2分鐘的影片，再來接著閱讀後面的內容。

　　這項實驗是哈佛大學博士克里斯・查布利斯（Christopher Chabris）和康乃爾大學博士丹尼爾・西蒙斯（Daniel Simons）共同研究的一個課題，作為一項心理學實驗，還獲得了2004年的搞笑諾貝爾獎。在實驗中，有50%的受試者看不到這隻黑色的龐然大物，更沒有注意到牠還曾示威式地猛烈擊打胸口。可是，為什麼會這樣呢？我的眼睛失明了嗎？當然不是。事實上這種現象很普遍，西蒙斯博士把它稱為不注意視盲，它是一種人腦把大多數注意力集中在具體事物時，會自動忽略非目標事物的現象，儘管這些非目標事物可能很明顯。可見，看見並不等於看到。所以，這也是為什麼交通法規要求「開車不打電話」，因為不注意視盲導致看不到大猩猩事小，開車者看不到路人就要闖禍了。

　　既然現在我們已經理解了邊際效益遞減和不注意視盲是大腦消極偏見的兩大原因，那麼相應的解法也就可以自然呈現了。

避免消極偏見的兩條途徑

途徑一：為自己構造多元滿足

　　單一滿足容易產生邊際效益遞減，唯有多變才能抵抗疲勞。

　　尼爾‧艾歐（Nir Eyal，曾在史丹佛大學商學院任教）有一個著名的上癮模型：觸發──行動──多變的酬賞──投入。該模型被國內外無數優秀產品經理奉為圭臬。《魔獸世界》遊戲中隨機掉落頂級裝備是多變的酬賞；同一個微信紅包，有人只搶到人民幣2.38元，有人則搶到人民幣57.37元，這也是多變的酬賞。

　　在上癮模型中，非常值得我們借鑒並能夠有效抵抗邊際效益遞減的要件，正是多變的酬賞。多變的酬賞可以分為三類。

　　「獵物酬賞」，這是最底層的酬賞，是指具體的事物或食物帶給我們的感官滿足。比如看了一部感人的電影、享用了一頓海鮮自助餐，或者獲得一份公司發放的福利等。獵物酬賞雖然滿足遞延時間比較短，但從獲取難度來說相對較低。

　　「社交酬賞」，這是你在和身邊的人溝通互動時，可以獲得的大腦獎勵。比如你的社群發文被朋友點讚，你在群裡說的某句話獲得了許多人的稱讚，你和夥伴一起相約去網紅打卡地遊玩。凡是與人互動後獲得的社交滿足，都屬於社交酬賞。

　　「自我酬賞」，這是最高級的酬賞，是你做成了某件事情後獲得的成就感、操控感或者勝任感。微觀：自我酬賞可以是你記

錄今天完成了最重要的三件事。中觀：你運用一個剛學到的溝通技巧，達成了一項雙贏談判。宏觀：你負責的專案取得了階段性成果。

這三種酬賞可以作為一個框架，說明你從多個角度審視自己獲得了哪些不同程度的滿足。

途徑二：讓自己的滿足不斷被看見

我們已經透過多變的酬賞把自己每天可獲得的滿足做了分類，接下來就可以設法刻意將注意力聚焦在這些滿足上，讓自己的滿足不斷被自己看見。

具體的做法也很簡單，每天臨睡前或者早起後把你今天（昨天）獲得的滿足記錄在某個地方。我從2017年接觸到復旦大學心理學教授鞠強老師「每日感恩」的方法後，保持了每週多次記錄的習慣。後來學習了上癮模型後，又將它最佳化，在形式上反覆運算出更靈活和更易於落實的模式，比如：

昨日收穫：

- 完成了25分鐘橢圓機訓練
- 閱讀《當和尚遇到鑽石》15分鐘
- 定投晶圓ETF完成20%獲利了結

還有複雜一點的知識類滿足，這類滿足主要是為了將學習到

並且真正有感觸的內容寫下來，比如：

昨日收穫：

- 共贏和雙贏最大的區別是：前者為雙方同時獲益，後者為獲益有先後。實踐中應當率先尋求共贏，設法讓雙方同時獲益。

- 凡是可以透過一時努力得到的東西，都會陷於「內卷」的結局。只有經過至少 3 年以上努力獲得的東西，才能超越「內卷」。

通常我會先把這些收穫寫在自己的「Evernote」App 中，然後分享在自己比較認同的社群裡。這會相應地帶來群中學友的點讚、評論互動，進而讓自己獲得社交酬賞。對於一些內容價值較大的部分，我還會專門抽出週末時間把它變成短片，或者擴展成一篇 2000 至 3000 字的文章。其中一些會成為「逆熵成長」社群的養分，另外一些可能成為將來某本書的一部分，以獲得跨週期的自我酬賞。

當你受困於情緒熵的泥淖中感到焦慮、低落時，翻開這些紀錄看一看，是不是發現自己的生活其實還是挺不錯的，怎麼能讓明亮的玻璃窗上的一粒塵埃，阻擋了外面明媚的陽光和晴朗的藍天呢？

當然，你不一定非要每天都寫，但請保持一週盡可能記錄三

次不同類型滿足的習慣，因為記錄會強行把你的大腦注意力聚焦在你寫下來的正面內容上。如此一來也就在客觀上跨越了邊際效益遞減，同時還克服了不注意視盲對我們大腦產生的影響。

識大局：
梳理自己的幸福曲線

「為自己構造多元滿足」和「讓自己的滿足不斷被看見」都是很有效果的策略。然而，它們僅僅是你在對抗情緒熵這場持久戰中的一個片段，是整個局的一部分。所以，想要破局，必先識局。我們要去理解人生路上比較大機率會遇到或已經遇到的問題是什麼，為什麼，怎麼辦。

35歲危機

發展心理學中有一個詞彙叫作中年危機，一般好發在39至50歲的人身上。但隨著社會發展，中年危機逐步演變為35歲危機。

為了研究35歲危機的話題，我調查了身邊關係不錯的老同學、老同事，請他們替自己的30歲、35歲和40歲打分數——在不同的年齡段，他們對自己的生活滿意度可能是幾分，為什麼會打這個分數？結果顯示，大部分人替自己的30歲打了高分，但從35歲開始，尤其接近40歲時，生活滿意度越來越低，有些人替自己40歲打的分數甚至只有30歲的三分之二。

這次小調查的結果不是個案。根據加拿大學者強納森‧勞

赫（Jonathan Rauch）的著作《大人的幸福學》（*The Happiness Curve: Why Life Gets Better After 50*）中一份超過30萬不同年齡段受眾調查的數據顯示，40多歲受試者的幸福滿意度，確實要比30多歲受試者更低。20至34歲年齡段的生活滿意度達到了高峰──81%以上；而在這之後，生活滿意度就像溜滑梯一樣一路下滑，直到50歲左右達到谷底，接著快速反彈，很快在65歲後達到了最高點──84%。

　　為什麼會出現這樣的情況呢？我的被調查者中有人這樣總結：30歲時，無論是家庭、愛情、事業都憧憬著未來，一路美好；而35至40歲時還要煩惱孩子的成長、學業，情人也早已成為家人，大部分人的事業開始停止上升，因為上面的位子越來越少，而競爭者越來越多。

　　也有人說：30歲時自己在職場上晉陞成了主管、經理，開始帶團隊，很有成就感；現在40歲了，卻發現後輩中的優秀者已經嶄露頭角，有些很輕鬆地就坐上了自己在該年齡段時想都不敢想的位置，甚至還有比自己小10歲的人成為自己的上司，這讓人唏噓不已。

　　以上說法都有一定道理，但可能比較片面，所以讓我們再來看一下德國經濟學家漢納斯·施萬特的研究。

　　施萬特邀請17至90歲的德國人替「目前」和「5年後」自己可能的生活滿意度打分，滿分為10分。結果顯示：年紀較小的時候，人們對未來5年的預期會更高，但由於「理想的豐滿和

現實的骨感」，人們會一次次地對現實落後於預期的情況感到失望。直到在平均50歲左右時，期望曲線和現實曲線發生了交叉，現實曲線首次高於了期望曲線。這時的人們開始發現：現實沒有預期中那麼糟糕。這個反差帶來了驚喜，於是人生早年帶來諸多痛苦的預測錯誤，卻在人生後半段改變了。

如何降低預期

對抗幸福曲線前半段這種「因期望與現實之間產生落差而造成的長期焦慮」有兩種思路：一種是降低預期，另一種則是提高現實情況的水準。我們先來分析如何降低預期。

第一，使你的情緒正常化。比如對於一個大學畢業的普通人來說，透過自身努力，在工作前5至8年晉陞到主管、經理職位一般來說並不算特別困難。但如果想要有進一步提升，達到總監、副總裁的高度，就可能需要有諸如貴人提攜、機遇垂青等運氣因素了。

運氣因素可遇而不可求，符合「勝率低、賠率高」的模型。如果你把自己的預期全部押寶在進一步晉陞上，就像我們前面分析的，當現實情況無法滿足未來期待的時候，就會產生心理落差，落差越大，產生的情緒熵也就越多。

所以，我將我聽過的一句話與你共勉：對過程苛刻，對結果釋懷。只有使你的情緒正常化，把較低的期待押在每一次勝率

低、賠率高的事情上，相信這是一種很自然的數學現象，全程接納它，焦慮的情緒就可能降到最低。

第二，打斷你的攀比心。與人攀比是人類的本能。你可能會和同輩比較，在同學聚會上攀比地位、收入；你可能會和部門同事比較，攀比誰的年度績效高、年終獎金多。你可能會與低齡同事比較，攀比雙方的職級是否一樣高；你還可能會和理想化、遙不可及的自己比較，從時間象限攀比是否達到了預期的社會高度。

攀比心會讓你在比贏的時候竊喜，比輸的時候焦慮。《消極時代的積極人生》作者趙昱鯤講過一個有趣的模型：在大部分情況下，攀比會驅趕你在「與人攀比→大受打擊→嚴重失落→拚命奮鬥→爬上一格→繼續攀比→大受打擊」的模式裡迴圈。隨著「爬上一格」的難度越來越大，你停留在「嚴重失落」裡的時間也會越來越長。

所以，為了避免落入攀比迴圈，每當你感到自己升起攀比心時，如果你能建立一種心理機制，就好像Windows跳出一個視窗讓你點擊「確認」或「取消」一樣，主動選擇「是否要去攀比」，你的攀比心就有可能被打斷。打斷後，就不容易形成期望差，你的情緒也就更不容易陷入焦慮。

第三，學會正念冥想。當無法主動打斷攀比心，腦海裡仍舊會自動冒出各種雜念來侵害自己精神之海的時候，正念冥想是被證明能有效幫助大腦中杏仁核平靜下來的方法。

杏仁核是人腦中恐懼和焦慮的來源。在精神焦慮疲倦、感覺身體被抽空時；在晚上腦海裡自動冒出各種聲音，讓你胡思亂想、翻來覆去睡不著時，透過觀察自己的呼吸，感受胸腔、腹部因呼吸而起伏，將注意力聚焦在當下的方法就是正念冥想。它能把你的思緒從混亂中拉回到當下，平復杏仁核的躁動，使人重新獲得平靜的心緒。

如何提高現實情況的水準

除了降低預期可以減少反差外，有策略地提高現實情況的水準，同樣也能縮小反差，減少焦慮感。關於如何提高，我向你介紹兩個行之有效的競爭策略。

競爭策略一：在你的甜蜜區努力

什麼是甜蜜區？簡單來講，這是一個同時符合你感興趣且擅長、社會有需要的區域。舉個例子，如果你從小喜歡播音，同時你透過訓練自己的演講和表演能力，在播音方面有了一定的技術。在以前，可能你只能把播音當作自己的一個愛好，在業餘時間用來怡情；但現在隨著有聲書、有聲廣播劇成為人們在通勤場景裡高頻伴隨性的娛樂消費，廣播有聲劇就能成為你可以深度耕耘的賽道。

在該賽道中，已經有不少人可以透過廣播網路小說，或與其

他主播一起合作，形成多人有聲劇等方式實現商業化變現。其中的頂尖簽約主播，每個月可以賺取約新台幣21000元至86000元收入。

錢雖不多，但由於所從事的是自己喜歡的方向，更容易獲得幸福感。並且隨著自己的代表作不斷累積，優質作品還能吸引更多版權方的青睞，收到更多邀約合作。而且許多平臺的有聲劇還有用戶付費收益分成的機制：只要持續有人收聽，就能獲得更多因付費分潤而獲得的被動收入。

競爭策略二：成為π型人才

我們以前一直聽說要把自己打磨成T型人才，實現一專多能；並且要求自己在某個專業領域擁有普通人不具備的特長。但在今天，做T型人才已經遠遠不夠了，因為技能更迭太快，時代要求我們向π型人才演進。

T有一條腿，代表只有一項能力特別突出；而π有兩條腿，代表至少有兩項專業技能都比周圍人更厲害一點。為什麼π型人才應該是你的修煉方向呢？這是因為在傳統工業時代，你的某種核心技能很容易形成「小圈層」的局部壟斷。但在行動網路時代，知識唾手可得，後浪和外部協作者總是能飛快湧入某個領域並形成激烈的競爭。所以，如果你想要自己一專多能，達到該項技能水準的前1%，就必須持續去修煉它。

防禦：
三種屬性專抗情緒熵

　　有意識地在較長的時間區間裡降低預期和提高現實情況水準，相當於降低了遊戲中 Boss 對角色的攻擊力，是否有辦法提升角色本身的防禦屬性，用來抵抗情緒熵呢？答案是肯定的，它們分別是：

　　韌性，建立自我複雜性。
　　招架，ABCDE 認知療法。
　　抗性，斯多葛學派心理方法。

　　接下來就讓我們一個個了解和獲得它們。

韌性：建立自我複雜性

　　這是一種我親測有效的屬性。在講自我複雜性之前，我們需要做一些前置知識儲備，首先要理解情緒閾值的概念。比如你一定聽過淚點和笑點，有的人看一點感動的畫面，聽一點動人的音樂，就會熱淚盈眶，甚至淚流滿面；有的人則表情僵硬，絲毫不為所動。

　　是後者無情嗎？並非如此，可能只是他的淚點比較高，普通場面很難打動他。無論淚點還是笑點，都是一個人哭、笑的情緒外在表現出的內部情緒閾值，只有超過了閾值，情緒的外在表現才會發生。同樣的，無論壓力、焦慮或者其他任何情緒熵，都會存在「壓死駱駝的最後一根稻草」，多加一根稻草，超出情緒閾值，情緒就會崩潰。所以，我們需要有一個「抓手」來提升自身的情緒閾值，從而提升我們的韌性。

　　這個「抓手」是什麼呢？正是自我複雜性。自我複雜性（Self-complexity）的概念最早在20世紀80年代由心理學家林維爾（Patricia Linville）提出。林維爾認為，組成自我概念的自我數量越大，自我複雜性的程度也就越高；而高自我複雜性的個體在經歷壓力事件時，由於自我概念的數量較多，這些事件就只會影響個體的部分自我。

　　因此，自我越複雜，就越能對我們的情緒熵產生良好的緩衝作用。當然，你也可以把它理解為承受力的閾值變高，韌性屬性提高。

　　林維爾的表述稍顯抽象，我們來做一個形象化類比。假設你的情緒是一張桌子，如果你的自我不夠複雜，就代表你是一張只有一條腿的桌子。這張桌子在沒有外力作用的情況下可以維持自身平衡；一旦有重物放在桌沿處，就會由於重心不穩而傾倒。但如果你的自我複雜性程度高，你就可能是一張有三條腿、四條腿的桌子。四方桌是十分平穩的結構，只要桌面承受的力量不超過

四條腿的承重力，桌子是很不容易傾覆的。

聯繫到實際狀況，如果你的角色只是一個「打工人」，那麼你在職場上感覺到的壓力、焦慮就會很容易達到你的情緒閾值；而如果你在職場外有其他副業，甚至還有投資者、內容生產者的身分，那你遇到情緒熵的時候就會更加從容。這也是那麼多人想要在職場之外成為股民、基民（當然，我不提倡買股票而建議買基金，之後我會詳細展開），有一份副業，以及現在越來越多人成為「斜槓青年」的原因。

所以，如果你目前的角色相對單一，請務必儘快讓自己的自我趕緊複雜起來。

招架：ABCDE 認知療法

你可能閱讀過史蒂芬・柯維在《與成功有約》中講到的以下案例。

週日早晨，柯維乘坐紐約地鐵，地鐵中的乘客或看報或沉思或小憩，一切都顯得很安靜。

在某一站，有一名先生帶著幾個小孩上車。幾個孩子上車後撒野作怪，破壞了原本靜謐的氣氛，那位先生卻呆坐在椅子上，無動於衷。

乘客紛紛投來不滿的眼神，柯維也忍無可忍地走到男子

面前，示意男子該管管孩子了。

　　只見男子如夢初醒，然後回答：「是的，的確要管管他們，他們的母親1小時前在醫院去世了，我有些手足無措，孩子們大概也是。」

　　柯維瞬間怒氣全消，他所有的感覺、想法和行為都改變了，不僅不用再去克制自己的態度，而且同情、憐憫包括歉意的感覺也油然而生。

　　同樣的情景，為什麼會產生不同的情緒？這裡的關鍵就是我們的信念，也就是我們對情景的看法。

　　畢業於哥倫比亞大學、受聘於卡倫‧霍妮學院的心理學者艾利斯（Albert Ellis）博士總結出了情緒ABC理論（ABC Theory of Emotion），並研發出了ABCDE認知療法。

A：Activating event，指發生的事件。

B：Belief，信念，對該事件的看法。

C：Consequence，結果，通常是不太美妙的負面情緒體驗，
　　是情緒熵。

D：Disputing，干預，是最重要的一步，相當於面對情緒熵
　　的招架。

E：Effect，改變，干預後情緒熵發生熵減，回歸正常情緒。

在柯維的案例中，「他們的母親1小時前在醫院去世了」的現實，立刻改變了柯維對男子和孩子們的看法，讓他瞬間從憤怒轉變成同情。

同樣，在生活或者工作中，我們也經常會遇到不喜歡的人或不講道理的主管。遇到不講道理的主管時，如果你把注意力聚焦在「我怎麼遇到這樣的主管」或者私底下和同事抱怨主管，只會越想越生氣。但如果你能啟動ABCDE認知療法，替換一種信念，那你就可能獲得完全不同的情緒體驗。

「潤米諮詢」董事長劉潤曾經提到過一種「悲憫」視角。由於對方的原生家庭、成長經歷甚至創傷經驗，曾帶給她／他難以磨滅的心理經驗，將她／他變成這樣的人。儘管你不知道是什麼導致了這樣的結果，一旦你啟動了「悲憫」視角去審視這位極品主管，那麼無論他之後再怎麼從言語上攻擊你，在你真正有能力離開之前，你都已經在心理上站在了更高的層次，招架住了攻擊，對極品主管進行了「降維打擊」，你自己也更不容易生氣和出現情緒熵。

佛說：一念天堂，一念地獄。面對情緒熵，應作如是觀。

抗性：斯多葛學派心理方法

斯多葛學派心理方法聽起來似乎高深莫測，充滿哲學感，其實它是一種非常入世的心理方法。

　　羅馬五大賢君之一、傳世巨著《沉思錄》的作者奧理略就是斯多葛學派的篤定踐行者。斯多葛學派最底層的思想方法是：「假設最壞的情況已經發生，我該怎麼辦？」這意味著每一個施行這個心理方法的人都是「悲觀的積極主義者」：總是設想最糟糕的情況，卻又總是最積極地尋找解決方案。

　　在我看來，使用斯多葛學派心理方法至少有兩大好處。

好處一：情緒鋪墊

　　正所謂期望越大，失望越大。如果本來就對一件事情不抱期望，那麼就算事情發展態勢惡化，那也都在意料之中。既然事情在意料之中，盡在掌握，那麼我們的內心也就不會由於前途未卜而感到焦慮。

　　比如「雙減」政策[＊]之下，許多少兒教育行業的從業人員倍感壓力，我的一位前同事就是其中之一。在一次聚會時，我們發現他表現得輕鬆愉快，都感到很好奇。他坦言，儘管之前的確有「天要塌下來的感覺」，但後來就做好了最壞的打算，因為就算遭遇裁員，他們公司也都已經開始發放「N＋1裁員大禮包」。

　　一天醒來，當他坦然接受可以攜大禮包轉行時，之後的上班

＊　雙減政策：指中國政府為減輕義務教育階段學生的作業負擔、校外培訓負擔而實施的政策。同時中國教育部等五部會聯合印發「校外培訓機構財務管理暫行辦法」，約束補教、培訓機構的財務制度與施辦，對於中國補教行業帶來一大衝擊。

時間他做了兩件事。第一件事，尋找適合自己的工作；第二件事，開通了一個電子書平台的 VIP 年卡，每天利用上班時間「公費充電」。

幾個月後，大禮包到手，停了很久的讀書習慣到手，幾個 offer 也陸續抓在了手上，這些顯然不是一個沉浸在情緒熵之中的人可以做到的。

好處二：事前復盤

斯多葛學派心理方法還有一個附加作用，就是倒逼我們進行事前復盤。如果一件事情最糟糕的情況發生了，它可能會敗在哪裡？

假如你正在進行一次晉陞述職準備，如果晉陞最終失敗了，你最可能是由於什麼原因失敗的？如果由於某個原因失敗，你現在是否可以做一些行動去預防失敗？在很多公司，如果要升到管理層，一個評判的標準是該員工是否有靠別人來成功的意識。所以如果由於該項能力被認為不達標而失敗，對應的行動就是在晉陞述職的素材中，說服評委自己有過類似的成功經驗，並且在報告中呈現出來。

所以，斯多葛學派心理方法，不僅以一層情緒鋪墊的形式為你提供了情緒抗性，還能讓你形成達成目標的有效心態。

醫療箱：
遭遇暫態情緒怎麼辦

強大的防禦力，能讓你在絕大多數情況下抵禦情緒熵對精神的侵襲，但有時暫時性的情緒，可能會讓你做出事後令自己後悔的行動。

有一次，我在地鐵站看到兩個人在樓梯上吵架，只是因為其中一人踩掉了對方的鞋而沒有道歉。小拇指粗的青筋在其中一人的脖頸處爆起，站在稍高台階上的男子不時做出推擠動作，位於下方的灰白頭髮老人也絲毫不甘示弱，反手回擊。相信旁邊的許多人都和我一樣揪著一顆心，生怕其中一人從樓梯上不慎跌落。

炒股也一樣，看著自己想買的股票突然被一波拉起，之前做好的「逢低買入」計劃完全被打亂，手指彷彿受到操控一般，打開交易頁面，立刻以現價買入。須臾間股價又高於買入價時還不惜加價買入，生怕錯失機會。然而，半小時後股價猶如過山車一般回落。前一刻還怕買不到的投機者，此刻又一次變成「高山上站崗的接盤俠」。

情緒劫持

為什麼明明在理智上知道欠妥，身體卻不受控制，做出違背

理智的行為？

　　這在腦科學中稱為杏仁核劫持，又稱情緒劫持。心理學家丹尼爾・高曼（Daniel Goleman）在《專注的力量》（*Focus: The Hidden Driver of Excellence*）中指出，杏仁核在大腦中屬於自下而上的神經迴路，它傳遞信號的速度，比負責理性模組，自上而下的前額葉區更快。

　　這是幾十萬年間，人腦在不斷進化的過程中，保留下來的基因特點。因為在充滿危險的叢林中遇到毒蛇、猛獸時，杏仁核反應足夠迅捷的祖先通常都能率先逃離，而杏仁核反應相對遲鈍的祖先則往往死於蛇毒之下，或是成為猛獸的美餐。

　　對於杏仁核劫持我深有體會，因為我自己經常在洗手間一見到蟑螂就忍不住大喊大叫並往後一跳，雖然明明知道那麼小的生物不可能傷害到我這個人類，也知道我馬上會被前來查看情況的妻子鄙視。

　　所以，由大腦杏仁核發出的情緒劫持，是大腦偵測到危險時的應激反應，在最開始被激發的瞬間，是很難透過理智控制的，而且這種反應寫在了每個人先天基因的代碼中，無法抹去。

　　但先天代碼無法抹去就不能解決嗎？並非如此。就如同你理解了海鮮吃多會痛風一樣，哪怕你現在僅僅知道有情緒劫持這麼回事，你也會有意識地干預，這就是認知驅動。更何況我們還能在最開始的應激反應後，透過一定的策略，對情緒劫持進行過程上的控制。那麼要怎麼控制呢？

情緒劫持最可怕的部分不是內在的情緒變化，而是因情緒變化而發生的行為。以前我在《行為上癮》這本書裡講過行為原理模型：B＝MAT。B是Behavior，指發生的行為；M是Motivation，指動機；A是Ability，指能力；T是Trigger，指觸發條件。任何行為的發生，M、A、T這三個要素缺一不可。比如有一通電話打進來了，如果你一看是廣告推銷電話，你選擇不接，這是沒有接電話的動機；如果你兩隻手上都拿著重物，騰不出手來接，這是沒有能力；如果你之前把電話調成了靜音，你壓根就不知道有來電，這就是沒有觸發。

回到情緒劫持馬上就要產生行為的場景：比如你和情人吵架，兩人情緒都很激動，此時雙方充滿繼續吵架的動機，而且雙方也有能力把爭吵愈演愈烈。那麼有效的辦法是什麼呢？

對，是阻隔進一步觸發，無論是立刻出門，在附近兜一圈，還是去咖啡廳、百貨公司冷靜一下，都是情緒劫持發生時進行控制干預的有效策略。等動機降低到閾值以下、不起作用時再回去。

所以夫妻雙方可以約定，當進一步吵架馬上就要發生時，其中一方可以按照約定離開吵架現場，這不是摔門而出，更不是離家出走，而是你們共同對抗情緒熵的親密錦囊。

同樣的，為什麼許多有經驗的投資者都建議白天不要去看盤呢，難道真的是不在意股價的漲跌嗎？當然不是，這也是一種規避自己被觸發，繼而發生情緒劫持行為的經驗之談。

情緒劫持的覺察與預防

如果情緒劫持發生的地點不是家庭而是職場，你很難與同事，更不可能和主管做好事前約定，而且你突然站起身離開會議室的行為，還會被人解讀為缺乏團隊意識。所以，今天學習了情緒劫持這一小節的你，能力越大，責任也就越大，就有義務去覺察對方的情緒，在情緒劫持的前夕引導對方，將情緒劫持扼殺在萌芽狀態。

這就需要你稍微理解一些人類微表情、微動作的知識。比如對方突然雙手交叉在胸前，這就是開始不認同你觀點的線索；對方的鼻孔開始翕動，這是「火山馬上要爆發的前奏」；如果對方已經開始在語言上和你對抗，那就更不建議直接反駁了。

在職場上，先解決情緒問題，再解決實際問題。

類似的覺察不僅可以用在別人身上，也可以用於自身。當你發現自己的呼吸開始濁重、不由自主地雙手交叉在胸前、下意識地不願意與對方做眼神交流時，此時你就處於危險的情緒劫持前夕。

在這種情況下，我親測有效的技巧有兩個。

第一，把注意力聚焦在身體。深深地吸入一口氣，感受空氣從鼻腔進入肺部，直至充盈；同時感受自己的臀部與椅子或者腳底與鞋面的接觸感。這種注意力聚焦的方式有利於鬆綁部分情緒劫持，延緩它抵達閾值的腳步。

　　第二，降低自己身體的重心。體現認知心理學的理論認為，生理體驗和心理狀態之間存在強烈聯繫，互為因果。通常人在憤怒時拍案而起，重心會同步抬高，此時就容易跟著發生情緒劫持；降低重心，先坐下來，甚至盤膝坐在地上，情緒劫持就容易由於體現認知的作用而收斂。

　　不過，如果以上這些經驗性小技巧，都無法讓你避免進入情緒劫持的節奏怎麼辦？尤其當對方是你的上司，而且還是一個強勢的上司時，此時你更不可能離開現場，你只能選擇沉默，不斷壓抑自己嗎？

　　當然不是，情緒劫持從來都不能靠忍來解決。在這種特殊場景中，我們可以使用「情緒遙控器」來盡可能降低情緒劫持對你產生的影響。「情緒遙控器」是下一小節我會詳細和你解析的內容。

如何練就情緒劫持免疫

　　以上情緒劫持中和劫持前的干預控制、覺察和預防只是解決了眼前的問題，而不斷提升被情緒劫持的閾值，盡可能地趨近情緒劫持免疫，是我們施行情緒負熵的目標。心理學家阿德勒提出的「課題分離」，為我們練就情緒劫持免疫指明了方向。

　　什麼是課題分離？它的本質是釐清「別人的事」和「我的事」。阿德勒認為，一切人際關係的矛盾都起源於對他人課題的

妄加干涉，抑或自己的課題被他人干涉。遇到衝突時，我們特別容易把別人的「沒有教養」、「缺乏職業素養」當成我們自己的課題，認為對方這樣做是不對的，「將來遲早吃大虧」，想要設法干預。

比如我的某位讀者，她的主管開會遲到，會後卻責問該讀者為什麼不提前打個電話提醒她。聽到主管蠻不講理、缺乏職業素養的責怪，該讀者立刻感覺很生氣，認為再這樣發展下去，她主管的職業生涯就要走到頭了。但如果她懂得並理解了「課題分離」，釐清了「缺乏職業素養」是主管的事，而「為主管的行為獨自生悶氣」以及「我是不是該選擇離開這類主管」是我的事，那她根本不必對「主管職業素養的課題」妄加干涉。如果她每次都能清晰地將極品主管與自己的課題分離，那麼在離開目前的職位之前，她就具備了對該主管情緒劫持免疫的能力。

同樣的，回到地鐵樓梯上吵架的場景。假如你被人踩掉了鞋，你應該回頭瞪他一眼，然後要拉著這個「不長眼睛」的人教他做人、讓他向你賠禮道歉嗎？

不，你要蹲下來，穿好鞋，然後心平氣和地跟對方說：「對不起，對不起，我的錯，我的錯。」因為，「對方是否有賠禮道歉的社會禮儀」是他的事，「繼續趕路」是你的事，你的時間、情緒更值錢。面對情緒劫持，學會了課題分離的你，才真正是自己情緒的主宰。

遙控器：
情緒負熵的6個「按鈕」

　　情緒的產生是本能，但本能出現後你選擇如何應對則是本事。所以，我為你準備了一個「情緒遙控器」，這個「遙控器」來自美國資深管理顧問賈斯汀‧巴瑞索（Justin Bariso）的《可以柔軟，不代表你必須一再退讓》（*EQ Applied: The Real-World Guide to Emotional Intelligence*）。「遙控器」上有6個「按鈕」，我將結合自己在使用過程中的體會、經驗，為你在關鍵時刻做出有效反應助力，而且在一些特定場景中，「遙控器」甚至還能起到提升情商的效果。

「暫停鍵」

　　我們在認知負熵的章節中講過思考率的概念，這裡再複習一下。它指的是你從感知到認知、從認知到決策、從決策到行動的過程中主動停頓思考的比率。未經訓練的普通人，他們通常從感知一路抵達行動，以快人快語之姿在與人互動的過程中有心直口快、行動過於迅速的表現。

　　這在一般情景下無傷大雅，但在某些關鍵時刻，尤其在即將被情緒劫持時，不經控制就對沒有認知清楚的訊息進行決策，繼

而付諸行動，往往會讓自己在事後懊悔不已。比如在煩躁的時候出言攻擊，傷害到親密關係；或者在高興時隨便答應了別人的請求，做出了過度承諾……這些無疑會有損自己的個人品牌。

「暫停鍵」是「情緒遙控器」上很重要的「按鈕」，它能幫你有意識地停下來思考：這句話我要怎麼接？這麼做會不會有風險？我是不是應該告訴對方明天再回覆？

尤其當你覺察到自己已經在和對方就「維護自己的觀點，而非目標」辯論時，請趕緊找個機會停下來或者轉移話題，這樣才不至於讓你們的辯論進一步升級成情緒之爭、意氣之爭。

「音量鍵」

「音量鍵」的使用有兩個端點，一個是輸出端，一個是輸入端。

從輸出端來講，人在情緒激動時，特別容易不由自主地提高嗓門，並且還會下意識地設法讓自己的聲音蓋過對方的聲音，性格越強勢的人越是如此。可是，強勢帶來的是我贏你輸，而單贏意味著合作關係不會長久。此時，習慣強勢的人如果能看清局勢，透過刻意降低音量緩解局勢，比如突然改用一種說悄悄話的語氣，就會產生效果。畢竟，人心都是肉長的，看到你的突然轉變，對方也高機率會做出相應調整。相反的，習慣弱勢的人音量通常都比較低，有時是因為怯場，有時則是放不開。所以習慣弱

勢的人反而要學著用丹田來發聲，學會解放天性，透過刻意練習提高音量，克服恐懼。

　　從輸入端來說，有些場合你無法避開，比如被主管批評，你不能逃，也不想忍，這要怎麼辦？你可以在頭腦裡想像他已被縮小，站在你的肩膀上，然後你在腦海裡操作虛擬音量按鈕，把對方的聲音變得越來越輕，甚至變成有趣的聲音。這種虛擬想像的方式能讓你有效改變自身情緒，不過也要注意適可而止，不要因為想像過頭而笑出聲來。

「靜默鍵」

　　你知道當一個主管或者伴侶陷入情緒化，開始批評指責你的時候，他們最不喜歡你做什麼嗎？答案是你開始解釋。為什麼呢？難道他們不在意糟糕結果真正的原因嗎？

　　在我少不更事的時候，每當面對批評指責，尤其是激烈的批評時，我總想立刻告訴對方這件事為什麼會發生，我有什麼解決方案。後來我讀了克里斯汀生（Clayton Christensen）著的《創新的兩難》（*The Innovator's Dilemma: When New Technologies Cause Great Firms to Fail*）後，才理解在這個世界上，人們很多時候是在追求兩種價值。

　　一種是功能價值，它能解決物理世界中的現實問題。比如「多喝溫開水」的確有利於緩解病痛，「這件事情是這樣的……」

的確能分析清楚根本原因，幫助找到解決方案。

但除了功能價值，人們還不自知地追求第二種價值：情緒價值。比如表達欲、優越感。面對咆哮，如果你在意這段關係，你就得設法為對方創造情緒價值。

怎麼創造？答案很簡單：按下「靜默鍵」，最好還能根據對方的講述內容，以你的肢體、表情，做好「眼睛忽大忽小，時而點頭，時而微笑」的配合。這樣對方就能從你的身上獲得「我很重要」的情緒價值，繼而消解憤怒或拉近關係。

「快轉鍵」

「快轉鍵」也是一種增加思考率的手段，它有兩種用法。

第一，讓你懸崖勒馬。比如，你可能會在某些時刻有種想要辭職不幹的衝動。比如今天會議上你被主管當眾狠狠批評了一頓；或者隔壁部門一個同事興沖沖地跑過來和你說她決定辭職了，這讓你這個忍受了許久的人也有跟著一起裸辭的衝動。

此時，「快轉鍵」就可以幫助到你，讓你看到一時衝動的後果。這很可能是幾個月後自己還在家裡辛苦地投履歷、找工作，面對 HR 的壓價也毫無議價籌碼。看見「快轉」後的情景就能讓你懸崖勒馬，並且把目前的衝動化作更綿長地「一邊工作，一邊找工作」的動力。

第二，幫你紓解情緒。有時，我們會過度在意某件事情。比

如一次晉陞述職失敗，或者某次在大老闆面前的表現失態。這種經歷會讓人在腦海裡忍不住回到失敗的場面，一次次反覆經歷和體會失敗的感覺。

在這裡「快轉鍵」可以提供你一個思維框架，想像 10 年後的你，再來看今天這件事情。這件事你可能早已淡忘，或者已經變成一個可以用來自嘲或安慰別人的案例：「想當年，我考研究所時，滿分 75 分的數學考卷只考了 27 分……」

「錄製鍵」

「錄製鍵」主要用來幫助別人處理情緒熵。無論對方是誰，如果他的情緒很激動，你可以拿紙筆認真地把對方講的內容記下來。這依舊是一種情緒價值的實現，而且這次的實現更顯性化，因為對方能實實在在地看見你在記錄，這表示你在仔細傾聽，而且還很重視他。

除了給對方情緒上的撫慰，做記錄的另一個好處是什麼呢？做記錄還能說明你忍住插話的衝動，我們之所以會忍不住插話打斷別人，很多時候是因為擔心自己會忘記要說的話。所以做記錄的時候，你完全可以把想要說的內容濃縮成一些關鍵詞寫在旁邊，等到對方該表達的內容都表達完了，你就能夠根據自己的筆記有條理地給對方回饋。

這個策略是我從前公司的一位主管身上學到的。有一次，這

位主管邀請我與他進行一場談話，很多高階主管喜歡享受表達的樂趣自說自話，會說一堆形而上、飄在空中卻遲遲難以落實的大方向。但他和許多主管不同的是，他選擇讓我來「輸出」，自己則在一旁記錄。那次面談結束後，我確實看到了公司做出的積極變化。

另外必須注意的是，當你選擇記錄對方內容的時候，除非你們倆能同時看到螢幕，否則請盡可能不要使用筆記型電腦或手機，因為對方會誤認為你正在一心二用，不重視自己，從而產生更大的情緒熵。

「開關鍵」

這是最後一個「按鈕」，當需要按下「開關鍵」的時候，說明你需要休息了。

身體是情緒的載體，身體過載的時候情緒更容易被劫持。比如好不容易完成工作，感覺身體被掏空，正準備下班時，部門某個主管突然又提出一個緊急需求，讓你不得不加班，這種場景是不是很容易讓人抓狂？或者剛剛做完家務，正準備坐下來喝口水時，家人又要求你做其他家務，是不是很難重新站起來？而且就算你願意超時工作，但身體的疲勞也會讓你很難集中注意力。此時，你需要按下「開關鍵」。

當然，現實情況往往不允許我們按「開關鍵」。因為一旦按

下「開關鍵」，我們在職場裡的地位可能受到威脅，也容易與家人發生衝突，這豈不是產生了更多情緒熵嗎？

的確，正如德國古典哲學創始人康德所說：「所謂自由，不是你想做什麼就做什麼，而是你想不做什麼就不做什麼。」為了在想不做什麼時可以不做什麼，能有資格去按下「開關鍵」，實現休息自由和情緒自由，你需要學會財富負熵。

對，這就是我們下個章節要詳細展開的內容。

第三章

財富負熵：
實現財富自由的熵減法則

從本章開始，我們開始講解財富負熵的內容。財富負熵是使用策略對我們的個人財富做功。它的目標不是讓你賺到幾輩子都花不完的錢，而是讓你透過釐清思路找到路徑，透過機率思維和經前人驗證有效的策略，讓自己在財務方面擁有穩健的正現金流，從而在現實與價值觀發生衝突時，擁有「不想做什麼時就不做什麼」的底氣。

定目標：
財富自由需要多少錢

關於財富自由的思考

財富負熵是一個個動態的行動，財富自由則是財富負熵的重要里程碑。相信你對財富自由的概念並不陌生，目前比較流行的一種說法認為：

當一個人的被動收入大於主動收入的時候，他就獲得了財富自由。但在現實生活中，該定義存在三個誤區。

誤區一：如果主動收入本身就很少，假如一年的主動收入僅有2000元，被動收入超過2000元就獲得財富自由了嗎？

誤區二：由於每個人的消費習慣不同，財富自由對每個不同個體來說，能否用統一標準來界定呢？

誤區三：受通貨膨脹的影響，就算現在的被動收入可以滿足目前的生活支出，但難保未來可以持續滿足。

讀到這裡，似乎可以感知到該流行說法缺乏相對合理、準確的目標，讓人無的放矢。那麼，到底有沒有一個相對準確的目標，可以讓我們在財富負熵的行動中能保持一個方向，始終對準那顆指路的「北極星」呢？

　　接下來我們將根據實際情況，一起來制定一個有機會實現的目標，共同探討具體路徑，從而看清我們到底應該怎樣通向財富自由。

　　《Money: Master The Game》的作者湯尼・羅賓斯（Tony Robbins）曾經採訪過一些使用者，他問受訪人：「你覺得擁有多少錢可以生活無憂？」對方一開口居然是10億美元。這位受訪人顯然是獅子大開口，但他哪怕把數字縮小，只喊1億元，也高估了自己的消費能力。這是為什麼呢？

　　湯尼・羅賓斯讓這位使用者詳細描繪自己擁有10億美元以後的生活情景，對方立刻說：「我要購置私人飛機。」

　　接著，托尼・羅賓斯開始算帳：「一架私人飛機的價格約為6000萬美元，外加各種保養與人工費用，的確價格不菲。「然而，私人飛機在使用場景中屬於低頻消費，就算刻意提高使用頻率，平均1個月也很難用到2次。

　　如果用租賃的方式，成本約為2500美元／小時，按每次使用10小時計算，每月使用時長為20小時，年使用時長為240小時，則2500美元／小時×240小時＝600000美元。這樣看來，採用租賃的方式只需60萬美元就可以隨意使用，其成本只占購買成本的1%。而且每次還能使用不同款式的飛機，更不必在保養維護方面費心。當然，私人飛機可能離你我都挺遙遠的，如果換成私人轎車你就更容易理解了。

　　以價值100萬元的車為例，每月燃料、養護、保險、停車等

各項雜費平均下來約1萬元。如果我們每天使用網路叫車的費用為350元，一個月20個工作日也僅花費7000元。

雖然遠不能和私人飛機1：100的租買成本比相提並論，但獲得使用權的優勢依舊好過獲得擁有權。現在以使用權為認知基礎，我們來進一步探討你到底需要多少錢才算夠花？湯尼・羅賓斯以一位中年女性為典型使用者代表，該女性認為自己需要300萬美元才能不為衣食煩惱。經仔細計算之後，她的日常開銷如下，

住房：17000美元／年

交通：8700美元／年

餐飲：6000美元／年

水費、電費、手機費：3500美元／年

服裝、醫療、娛樂、學習：8000美元／年

禮物、個人護理、煙酒、讀書：2600美元／年

總計：大約4.6萬美元／年

如果按照10%的年化收益率去做中長期投資，該女士大約需要多少錢才可滿足目前的開銷呢？答案是46萬美元足矣，即4.6萬美元÷10% = 46萬美元。

下面，我們再來看一個中國一線城市家庭的消費者一般狀況：

租房：人民幣60000元／年 *

交通：人民幣20000元／年

餐飲：人民幣15000元／年

水費、電費、手機費：人民幣10000元／年

服裝、醫療、娛樂、學習：人民幣15000元／年

禮物、個人護理、煙酒、讀書：人民幣10000元／年

總計：人民幣13萬元／年

　　依舊按10%的年化收益率去做中長期投資，一線城市家庭需要多少錢可滿足目開銷呢？答案是人民幣130萬元，即13萬元÷10% ＝ 130萬元。

　　要知道，現在一、二線城市一間房都不止人民幣130萬元，為什麼這麼少就夠了呢？財富自由的標準到底是什麼呢？

財富自由的標準與實現

　　2021年，研究中國民營經濟的「教父級」人物胡潤，曾試圖把中國一、二、三線城市財富自由的標準分別設定為人民幣1900萬元、人民幣1200萬元、人民幣600萬元。但在我看來，如此高的目標無疑會讓普通人望洋興嘆，放棄努力，選擇躺平。

---

* 2023年6月，人民幣與新台幣匯率約為1：4.3。

事實上，財富自由可以分為五個階段，它們分別是：財務安全、財務活力、財務獨立、財務自由和絕對財務自由。

第一階段：財務安全。該階段代表你每月的被動收入能抵消基礎消費（在短期不考慮通膨的情況下），從而不會由於主動薪資收入的丟失而倍感焦慮。比如你每月的基礎消費為新台幣20000元，每年則為24萬元。你若擁有240萬元存款，能做到10%的年化收益率，就能妥當實現財務安全。而且失去工作後，反而會讓你的支出費用進一步降低，因為你可以搬到地段更偏、租金更低的房子，交通費用也會銳減，更可以自己買菜做飯。

但正如我們前面提到的，由於通貨膨脹的存在，就算近幾年每年的被動收入完全可以滿足支出，但把時間延長到3年、5年甚至更長的歲月，這點錢就會日趨捉襟見肘。因此，你還需要達到財富自由的下個階段。

第二階段：財務活力。該階段需要你擁有更多被動收入。在考慮通膨的情況下，每月的被動收入還能抵銷更有品質的消費。比如你每月平均消費4萬元，每年則要消費48萬元（其中包含偶爾奢侈消費的費用，比如去瑞士做一次深度旅遊，去馬爾地夫或斐濟度長假）。同時，按國際通膨警戒線3%計算，每年還需要一定的費用來對抗通膨。因此，在保證資產10%年化收益率的前提下，如果總資產增益的7%用於消費，你需要有約700萬元（700萬元×10% = 70萬元，其中7%用於消費，約為48萬），即可實現財務活力。大多數人透過努力，在一線城市或二線城市

的新興行業紮根奮鬥，都有可能踏入財務活力的階段。

第三階段：財務獨立。在考慮通膨的情況下，每月投資收入遠大於不奢靡的優質消費。比如你每月消費12萬元，每年則是144萬元。同樣按國際通膨警戒線3%計算，每年還需一定的費用來對抗通膨，同樣在保證資產10%年化收益率的前提下，如果使用總資產增益的7%用於消費，你需要有約2050萬元（2050萬元×10% = 205萬元，其中7%用於消費，約為144萬），即可實現財務獨立。達到了該階段後，你就再也不用為錢煩惱了。乘坐頭等艙、住飯店、住豪華套房基本上不是夢想了。

因為普通人的消費能力很難一個月花掉12萬元，所以如果你踏入了該階段，這輩子基本上不會再去考慮什麼財務自由，而是會專注在怎樣攝入合理的卡路里，追求身體負熵的人生。人生能達到財務獨立，精神世界的追求將成為下一階段的目標。

第四階段：財務自由。該階段除了比財務獨立階段可以多做慈善事業去幫助弱者之外，其他方面並沒有太大區別。如果一個人可以被動年化收入達到400萬元，基本上就踏入了財務自由的領域。

第五階段：絕對財務自由。絕對財務自由聽起來不錯，但此時金錢的增長帶來的其實很可能是負效應。有錢人雖然有錢，但畢竟也有有錢人的煩惱。

所謂知足常樂，作為普通人的我們，把目標聚焦在保證達到第二階段財務活力，爭取達到第三階段財務獨立足矣。更何況，

誰說達到財務活力後就規定不准工作呢？你可以去做一份收入不太高但很有意思的工作，甚至每幾個月就換一份工作，去體驗不同的人生，享受不一樣的員工福利。

我曾和妻子在度蜜月時偶遇一對德國夫婦，他們在馬爾地夫的小島上幫當地人租賃浮潛設備，下班後手牽手一起欣賞夕陽；我也曾在泰國蘭塔海岸線上，見過坐在沙灘椅上寫作的旅行作家。這些都是我們在實現財務獨立後可以去做的有趣選項。

說完了財富負熵的北極星目標，那麼具體要怎麼實現呢？我們回過頭來看公式：被動收入＝本金×年化收益率，所以想要踏入財務獨立階段，我們有以下三條路可以走。

路徑一：省錢。你沒看錯，第一條路居然是最簡單的省錢，把消費的錢變成可以投資的錢。你知道巴菲特為什麼愛喝櫻桃口味的可口可樂嗎？答案是櫻桃口味的可口可樂經常打折，所以股神也愛透過購買打折商品省錢。

路徑二：提升主動收入的能力。這方面本質上是職場技能的提升。正如我在前面的章節中講的，職場是勝率高、賠率低的場所，所以你需要把較大部分的時間和精力押注在其中，並且透過認知負熵，選擇喜歡且成事機率更高的專案去做。透過情緒負熵，與他人良好協作，種下善因，就會收穫升職加薪的善果。

路徑三：掌握年化收益率達到10%的技能。你可能會覺得10%的年化收益率很難，的確，從短期來看，別說10%的年化收益率，就連不賠錢都已經可以超過70%的投資者了。但倘若

把投資週期延長到5至10年，10%的年化收益率甚至12%到15%的年化收益率，也是完全有路徑和策略可能實現的。這也是我在財富負熵下面的內容中要詳細和你分享的。

選路徑：
為什麼不買股票而買基金

現在，除了依靠主動收入來積累本金之外，我們基本上已經釐清了財富負熵的目標：掌握平均年化收益率10%的手藝。接下來，就是選擇大於努力的部分：我們的任務不是極度保守地只買年化收益率4%左右的理財產品，更不是透過高風險地買賣股票賺取差價，而是選擇合適的路徑，透過實踐被前人驗證的路徑，來平穩抵達目標。

為什麼不提倡買股票

你可能經常會聽到一些財富逆襲的故事：甲買了網路科技股票，賺得盆滿缽滿；乙買了白酒股票，到現在已經漲了5倍……我們不否認這些個案的存在，但我不提倡選擇股票這條路徑，主要基於以下兩個重要原因。

原因一：對於普通人來說，股票投資的勝率不高，賠率還高。我們之前講了機率思維，機率思維要求我們在進行決策時要考慮勝率、賠率和下注比率。巴菲特的老師班傑明‧葛拉漢曾經說過，股票短期是投票機，長期是稱重機。投票機意味著不穩定，今天和明天的表現差異往往很大，短期股價容易被不可控的

消息、廣大股民們的情緒所驅動。只要你交易過股票就能理解，在與股票接觸的過程中，你隨時會被恐懼和貪婪這兩種情緒劫持，經常會看到漲了就貪婪得想追，看到跌了就恐懼得要逃，陷入高買低賣的虧損旋渦。真正要做到巴菲特所說的「別人貪婪時我恐懼，別人恐懼時我貪婪」是十分困難的。

　　所以這也導致了股票短期投資7虧2平1贏（70%的人虧損、20%的人不虧不賺、10%的人盈利）的機率分佈。所以，如果僅僅觀察勝率，普通人是不是很難擠入前10%的行列？

　　看完了勝率，我們再來觀察賠率。華爾街有一個經驗法則，叫作「80／50法則」，即一支股票有80%的可能性會從最高點下跌50%；有50%的可能性會從最高點下跌80%。如果你去翻閱股票的歷史數據，大都也符合該法則。

　　你可能會反問，你怎麼不說那些多年上漲10倍、20倍的個股，那些長牛股的賠率可高了。你說的的確符合事實，但需要注意的是，我們雖然不否認現在買入某支股票，將來的確有持續上漲的可能，但股票上漲不像理財產品，不是線性緩慢上漲，而是有很大波動。這個過程中的顛簸，會讓持有股票的投資者感受到很差的持有體驗，這也意味著絕大多數投資者都會半路被迫下車，只有極少數投資者可能在長期過程中賺取豐厚的收益。

　　比如Amazon的股價雖然從1999年到2021年年底（股價約1900美元）實現了600倍的增長，但曾經也有過從113美元下跌到6.98美元，即回檔（下跌）超過90%以上的經歷，這樣的持

有體驗並不是普通投資者可以駕馭的。

而且，當日內波動過大時，也會引起投資者的強烈不適，以致於讓人忍不住出手交易。「買入買在山崗上，賣出賣在谷底下」，就是這樣出現的。所以在很多長期持有並最終獲得巨大收益的案例中，經常看到的是那些買了股票後忘記了，多年之後翻出來一看，才發現原來已經漲了那麼多倍的人。

綜上所述，面對勝率、賠率都很低的股票，如果你不是極為專業的投資者，如果你未曾擁有一顆強大的心臟，建議你在下注比率這個象限上，只投入一小部分資金買入股票，作為你「不服輸」或者「解手癢」、輸了也就輸了的「娛樂性專款」。

原因二：單一股票往往具有脆弱性。你經常會聽到身邊人拿過去長期上漲的股票來舉例，然後告訴你現在的某支股票就是當年的優質股。但現在他們之所以能把這些所謂優質股的名字報出來，是因為倖存者偏差效應，大量曾經的所謂優質股都已經在漫長的歷史中「泯然於眾人矣」，就像我們如果穿越回2000年甚至更早一些時候，就一定會借貸買房致富，但這是以上帝視角從諸多路徑中，用倒推出來的選擇談投資。

更何況過去不代表未來，你也不知道過去長期上漲的股票是否會在未來某個時間點突然遭遇黑天鵝事件（小機率事件，一旦發生就會產生巨大影響），或者它的第一曲線（目前的強勢業務）會不會就走到盡頭了呢？

所以，相信之前已經理解了自我複雜性概念的你，現在立刻

就能明白：除非你買入大量不同賽道的股票，否則就好比買了只有一條桌腿的桌子，這樣的投資在順風順水時期的確不錯，一旦桌腿出了問題，由於複雜性的缺失，整個投資結構就會十分脆弱。

買基金的本質是認知變現

說完了不買股票的理由，我們再來講講買基金的邏輯。購買基金的底層邏輯本質是你的認知變現，這種認知變現可以體現在三個方面。

第一，買基金買的是一張具有自我複雜性的桌子。因為無論是指數基金中的寬基（例如上證50，指在上海證券交易所排名前50的股票所組成的基金），還是窄基（醫藥、消費、汽車等行業基金），它們都是股票組合基金，而且這個組合每年都會發生變化，這就決定了指數基金很少會由於少數企業突然衰落從此一蹶不振。

所以，針對指數型基金，你可以不用過於擔心回檔（下跌）後漲不上來，同時，正因為這些基金的業績由多家企業聯合構成，比單一企業更能抵禦風險，加上市場規律決定價格總會發生均值回歸，因此，指數型基金幾乎不用停損，在下一輪牛市來臨的時候高機率會漲回來甚至創新高。你唯一需要注意的是，盡可能不要在它們被高估的時候買入。

第二，買基金是對未來需求的預判押注。美國華盛頓大學企業管理博士黃力泓曾經分享過他的一次投資經歷：2008年時，中國房價已經開始攀升，不過黃博士的著眼點並非在房地產上，他看到了汽車在未來將有巨大需求，根據國外經驗，停車難的問題必將發生。有了這樣的預判，加上彼時停車位還有很多滯銷，黃博士團隊就立刻著手行動，購買或簽訂長達10至15年的租賃合同。果不其然，從2010年開始，預判的情況發生，黃博士團隊在停車位這樣一個未被一般人發現的價值窪地中，賺到了對未來需求預判的錢。

如果回過頭來分析，勝率高不高？高。賠率高不高？高，但需不需要一定的時間才能讓價值顯現出來呢？當然。所以，大多數勝率和賠率雙高的投資都需要跨期實現。

在過去，人們要透過認知變現，往往需要親自與人洽談，訂立合作協定。而在今天，你只要看好某個細分行業，透過購買該細分行業的窄基型基金，就可能賺取認知變現的收益。

第三，買主動型基金是購買基金經理人的認知與經驗。前面我們討論的主要是指數型基金，還有一種基金叫作主動型基金，這是基金經理人根據他的認知和經驗構建的股票組合。

比如世界上最著名的主動型基金，就是巴菲特的波克夏・海瑟威，它的年化收益率從1957年到2021年年底平均在20%左右。當然，一份波克夏・海瑟威A股可不便宜，2021年10月份的價格為43萬美元。幸好巴菲特是一個很有良心的基金經理

人，他在1999年分設了波克夏·海瑟威B股，其2021年10月份的價格大約在290美元，比起1999年時的27美元，也增長了大約10倍。

　　但你可能會認為，購買巴菲特的基金離我們太遠，其實到處都有不少非常優秀的老牌基金經理，而且最重要的是，我們的要求不高，只求年化收益率達到10%。所以，只要你能克服人性中渴求即時滿足的缺點，願意用3至5年的時間去延遲滿足、跨期滿足，我們完全可以把閒錢交給長期表現良好的基金經理去打理。

　　那如果這位基金經理跳槽、創業或者去做私募怎麼辦呀？你忘記自我複雜性了嗎？多一條桌腿，多一份反脆弱性。把錢分成多份，交給多位優秀的基金經理，讓這些經驗豐富的基金經理為你打工，享受更穩健的增長。

認識歷史： 10%的年化收益率並非遙不可及

現在你已經理解了購買基金要比購買股票的勝率更高，它可能成為我們通往財富自由目標的路徑。但與此同時，你的心裡或許仍舊存有疑慮：平均年化收益率10%是不是太高了，這個目標會不會遙不可及呢？

三個歷史數據

我曾經也有類似的困惑，直到我看到了三個歷史數據。

第一個數據來自投資經典書籍《長線獲利之道》（*Stocks for the Long Run*）。這本書記錄了美國股市從1802年到2002年這200年間四類資產年化收益率的情況，其中黃金的年化收益率為2.1%，短期國債的年化收益率為4.2%，長期國債的年化收益率為5.2%，股票的年化收益率為8.1%。

看到這組數據，有兩個疑問在我腦海中出現：國外的數據不能代表中國的情況吧？股票的年化收益率達到了8.1%的確不算低，但好像和10%的目標還有一些距離。

於是我又翻出了中國國內的數據。

第二個數據是對於滬深300指數的分析。滬深300指數是由

上海和深圳兩個證券市場中規模大、流通性最好的300支股票組合而成的指數。該指數以2004年12月31日為基準日，基準日點位為1000點，而在2020年12月31日，滬深300指數為5211.29點，16年間上漲了5.21倍，平均年化收益率達到了10.87%，即$(1 + 10.87\%)^{16} \approx 5.21$。

中證500指數，是剔除滬深300指數這300支股票之後，總市值排名靠前的500支中小市值的股票價格表現。該指數也是以2004年12月31日為基準日，基準日點位也為1000點，而在2020年12月31日，中證500指數達到了6367點，16年間上漲了6.36倍，平均年化收益率達到了12.26%，即$(1 + 12.26\%)^{16} \approx 6.36$。

但這裡存在一個問題，我們無法以指數基準日的價格購買。如果用基準日點位1000點來計算，雖然年化收益率達到了10%以上，但這樣來計算會不會太理想化，無法在真實世界中實現呢？

於是我又去尋找更有說服力的數據。

第三個數據來自定投策略。假如我在2015年6月1日那天突然覺醒了，瞭解到一種基金定投的策略，即在固定時間（如每月8日）去購買固定金額的基金，並以此去實現財富負熵。假設每月投入人民幣1,000元去定投滬深300指數基金，那麼到2020年12月31日，我的年化收益率會變成多少呢？

透過計算，5.5年間（從2015年7月算起）總共投入了人民幣66000元，最終能獲得人民幣109270元，總收益率約為

65%，增長了1.65倍，即5.5年間的年化收益率為9.6%，即（1＋9.6%）$^{5.5}$≈1.65。即使2015年6月1日的點數幾乎是近10年以來的歷史高位，但該收益率看起來還是非常可觀的。

但如果我定投的目標不是滬深300指數基金，而是中證500指數基金呢？因為當時的中證500指數相對滬深300指數而言處於低位，所以收益結果大不相同。同樣投入共計人民幣66000元，但最終只獲得人民幣73198元，總收益率約為10.9%，增長僅為1.109倍，即年化收益率只有可憐的1.9%，即（1＋1.9%）$^{5.5}$≈1.109，連貨幣基金2%左右的收益還不如。這該如何是好？

都說基金定投如果要獲得相對可觀的收益，要在指數歷史百分位相對較低的區間做。所以，假設從2018年12月31日開始定投滬深300指數基金，每月投入人民幣1000元，到2020年12月31日時，總計投入人民幣24000元，最終獲得人民幣31299元，總收益率約為30.4%，增長了1.304倍，其年化收益率可以達到14.2%，即（1＋14.2%）^{2}≈1.304。而同樣在2018年12月31日開始每月定投人民幣1000元中證500指數基金，總投入同為人民幣24000元，最終獲得人民幣28671元，總收益率約為19.46%，增長了1.1946倍，年化收益率則能到達9.3%，即（1＋9.3%）^{2}≈1.1946。

當然在現實生活中，我們既不會那麼倒楣，在歷史最高點開始定投，也沒有那麼好運，在歷史最低點開始定投。但在歷史百

分位相對較低的區間，比如低於20%時開始展開定投行動是完全可以做到的，更何況現在有許多軟體和訂閱平台都會提示目前某類指數基金處於什麼樣的歷史百分位，這就給了我們普通投資者參考，讓我們可以有的放矢地進行指數基金定投。

減震的技術

相對可觀的年化收益率我們已經看見了，但即使如此，在定投的過程中，我們依舊可能需要去承受20%到30%的最大回檔。

尤其對於投資新手來說，每月投入人民幣1000元，但每月看到基金的價格跌跌不休。這種情形很容易讓人被恐懼情緒劫持，讓人在最絕望的時候選擇統統贖回，認賠出局。所以，有沒有一種辦法可以降低最大回檔，讓我們能扛住波動，設法賺到這10%的年化收益率的紅利呢？為了能夠獲得它，我們得向數學老師請教。

美國普林斯頓經濟學教授墨基爾在他的經典著作《漫步華爾街》（*The Random Walk Guide To Investing*）裡曾經舉過一個鮮活的例子：

從前有個小島，島上有兩家龍頭企業，一家經營度假勝地，另一家則是雨傘製造商。只是這兩家公司都得看天吃飯，因為天氣晴朗時，度假勝地生意會超好，賺得盆滿缽

滿；倘若陰雨連綿，則雨傘公司銷售業績會大增。

於是，條件給定後，數學題就來了：已知一年52週，如果50%的時間天氣萬里無雲，50%的時間為雨天，與此同時，這兩家公司在對自己有利的天氣裡都可以大賺50%的利潤，而在天氣對自己有害的情況下，會虧損25%，求這兩家公司的平均收益率會是多少？是不是非常簡單？答案：（50%－25%）／2＝12.5%。

但是，如果你只把資金押寶在其中一間公司的股票上，接著好巧不巧，你又遇到了極端天氣。比如你買了度假勝地公司的股票，但當年大多數時候都在下雨，你是不是就不得不承受趨近25%的虧損呢？

那怎麼辦？這個數學故事背後的解法實際上是顯而易見的，只要你持有兩個公司各一半的股票，那麼無論天氣如何，在這個組合投資中，你都能獲得12.5%的穩妥回報。

沒錯，這就是負相關資產組合後能帶來的美妙效果。同時，這也是資產組合的意義，它能有效幫助你消除波動，讓你的收益變得穩定。

這種資產組合就是同時購買股票和債券這兩種投資品類，這樣做可以在一定程度上做到風險對沖。

雖然股債雙殺（一起跌）的情況不能說完全沒有，但它出現的頻率相對較低，所以，這也是我們經常可以在基金市場上看到

許多混合型基金、固定收益型基金存在的原因。比如有一類基金採取債9股1的配比，90%的債券如果可以穩定獲得4%到5%的收益，就能完全彌補10%的股票類基金可能存在的40%到50%波動風險。如此一來，基本上這個組合就可以認為是保本的，而且在股票部分獲取的收益，也可以認為是投資該組合產生的額外獎勵。同樣的，如果採取債5股5的配比進行資產組合，每年做一次再平衡，也可以獲得較好的收益。

所以，無論是漲是跌，這種股票和債券一半一半、每年再平衡的方式，不僅可以縮小你的投資波動，還能在客觀上幫助你克服人性，實現低買高賣，在股市上漲週期保住盈利，在股市下跌週期加大投資。

當然，股債配比的方法在降低最大回檔的同時，也會降低你的年化收益，所以只有等你在多年的實際操作過程中積攢了足夠豐富的經驗後，才可以動態地根據不同市場週期調整股票和債券的比重。在防禦下跌時多配債券類基金，在進攻上漲時多配股票類基金，只要你根據設定好的策略嚴格執行，那麼透過正常市場波動，你也很可能獲得穩定而可觀的市場回報。

認識自己：
克服人性弱點才能賺取收益

前面我們理解了基金的配比，但如果實踐不起來仍舊會演變成「知道那麼多道理卻依然過不好這一生」。這是因為僅僅知道別人是怎麼成功的遠遠不夠，我們還需要知道大多數人是怎麼失敗的。正如巴菲特的合夥人查理・蒙格說的：「如果知道我會死在哪裡，那我將永遠不去那個地方。」那麼大多數失敗的投資者會在哪裡失敗呢？答案是頻繁交易。

頻繁交易的陷阱

統計表明，頻繁交易投資者的損失遠大於其收益，因為每筆交易都有交易費用，而且人性中的貪婪和恐懼又總是會把人們推往追漲殺跌的不歸路。如果你曾有過投資經驗，你的交易是否頻繁呢？面對損失，你恨自己管不住手嗎？事實上，交易上癮也是行為上癮的一種。

我們以前一直以為打遊戲上癮、購物上癮、追劇上癮才叫上癮，然而從本質上來說，凡符合大腦的獎勵機制，讓你產生「做了還想做」的行為，都是行為上癮。

我們可以做個思想實驗：想像你的眼前有個按鈕，你按一

下，手機就會立刻收到簡訊，提示你的銀行帳戶裡進帳500元。如果四下無人，你會不會去按第二下、第三下、更多下？大多數人都是忍不住的。而如果我們繼續升級這項思想實驗：如果你按了3下後，已經進帳了1500元，但後面就開始時靈時不靈了，你又會怎麼做呢？是的，你會沒事就想去按一下，想看看手機到底有沒有收到進帳提示。這就如同遊戲中掉裝備的隨機性，隨機性更容易讓人上癮，而短線頻繁交易讓你時贏時輸就是這種隨機性。因為每次買入後上漲的經歷讓你的大腦分泌大量多巴胺，讓你享受「買入上漲獲利」的回饋。大腦為了獲得更多、更大的這種反饋，在現有基金滯漲或者下跌的時候，就會焦慮。

焦慮給了你賣出現有基金去追擊上漲中基金的動力，如此迴圈，追漲殺跌的動作就在人們的無意識中形成了。

我也曾落入頻繁交易的陷阱，那段時間我幾乎每天都要交易一次，如果不是中國的交易制度是T＋1，即交易後第二天才能再次交易，當時的我很可能會在一天內多次交易。那麼，我是怎麼從頻繁交易的陷阱中爬出來的呢？在理解了行為上癮的本質後，有三個使用起來行之有效的方法可以供你參考。因為從本質上來說，頻繁交易的行為仍舊符合我們之前說過的這個公式：B ＝MAT，即行為＝動機×能力×觸發條件。

B是Behavior，指發生的行為。在頻繁交易中，交易是人最後做出的行為。

M是Motivation，指動機。巴菲特口中恐懼和貪婪所產生的

焦慮，都是人類交易背後的動機。

　　A是Ability，指能力。中國的場內基金，在沒有T＋0的交易限制下，如果一個交易者今天所有資金都已經買賣過一次，那麼後面無論如何漲跌，T＋1的規則限制也會讓他失去買賣能力而無法付諸任何行動。

　　T是Trigger，指觸發條件。比如你和別人聊天時恰好討論到你持有的場內基金，於是你打開手機一看，發現價格驟降，由於恐懼情緒的作用，你就會不加思考地降價賣出。這裡的你與別人聊天討論，促使你打開手機查看，就是我們說的觸發條件。

　　好，頻繁交易的本質你已經理解了，它們分別是M、A、T對應的動機、能力、觸發條件。這三個因數缺一不可，下面這三個方法會逐一攻破這三個因數。我們先從最簡單的降低觸發條件開始。

方法一：降低觸發條件

　　請你回憶，每次你按捺不住做出交易前，你看到的是什麼？是不是很多次都看到自選基金裡其他基金漲勢兇猛？沒錯，就算你拿著全市場最好的基金，它們也不可能天天瘋漲，而當你又被自選基金裡其他基金的上漲誘惑時，觸發條件就形成了。此時，你就非常容易被情緒劫持，很難控制住自己想要交易的衝動。

　　2019年時我還在交易股票，當時的我只持有兩支股票，這

讓我在該年的收益率達到了79%。我是怎麼做到的？

　　不是我有多強的自控能力，而是我把自選股裡除了這兩支以外的股票統統刪除了。這樣一來，就算在盤中打開了交易軟體，也由於沒有其他股票的觸發條件誘惑而產生衝動的操作，從而在客觀上拿住了當年的牛股，獲得了可觀的回報。所以，假如你也想降低觸發條件，避免交易上癮，可以在交易軟體中只留下極少數自選基金，降低自己因情緒而產生計劃外行動的機率。

方法二：增加摩擦成本 *

　　基金交易，尤其是場內基金的交易實在太方便了，現在只要拿出手機操作2至3秒就能完成交易。所以，場內基金交易的便利性反而害了你，讓你被情緒劫持後更容易付諸行動，追漲殺跌，產生虧損。

　　怎樣才能增加摩擦成本、控制交易能力呢？答案是別做場內基金，盡可能去交易場外基金吧。

　　這裡先對不了解場內、場外基金的讀者做一個知識普及。所謂場內，其實就是二級市場，一些ETF、LOF（這些術語你都可以在網上查到，這裡就不再贅述）基金都可以在二級市場進行即

---

* 摩擦成本（Friction Cost）：指在金融交易市場買進或賣出時，所產生的相關成本，如：交易手續費、時間成本、利息、佣金……

時交易。場內交易的好處是按你交易時的價格交易，而且交易成功後可以立刻成交。而場外交易是透過銀行、證券公司或者其他網路平台進行的基金交易，這些場外基金的成交時間都以交易日下午三點為準，在此之前的買入或賣出都可以撤銷。所以這就給了我們很大的轉圜餘地，用理性的慢思考代替因情緒劫持而帶來的快思考。

當然，挑選什麼樣的基金還是很有講究的，我們會在後面的內容裡詳細討論應該如何分析和配置才能穩中有勝。所以，如果你也想控制自己避免頻繁交易，你可以透過購買場外基金代替買賣場內基金，用增加摩擦成本的辦法來控制自己。

方法三：堵不如疏

說完了 B＝MAT 中的觸發條件和能力，還剩最後一個動機。恐懼和貪婪這兩種情緒，是人類物種與生俱來的天性，天性要如何規避呢？天性不能規避，但天性可以疏導。

前面講過，從長期來看，美國股票200年間的平均年化收益率為8.1%。在中國，經合理的資產配置後，長期年化收益率會超過8.1%。資產配置這種投資方式雖然有效，卻也是反人性的。它有時缺少漲跌的波瀾，會讓投資者感覺十分無聊；有時又如鈍刀子割肉，總淨資產每天下降一點點，這又讓人的內心極為煎熬。那麼在這些無聊或者煎熬的時刻，我們要如何疏導人類的

天性呢？

　　答案正如我們前面說過的：你可以拿總投資額5%左右的資金投入短期低勝率、負賠率的股市或者場內基金替自己「解手癢」。如果運氣好，僥倖獲得了不錯的正收益，則皆大歡喜；就算出現大幅虧損，那也只是你全部資產中的九牛一毛，它們所承擔的主要作用，就是滿足你耐不住寂寞的情緒需求。

認識週期：
聰明人選擇在勝率高時做功

這一節會略微有些晦澀難懂，但對於想要實現財富負熵的你來說又很必要，所以我會盡可能說得通俗一點。

認識週期

什麼是週期？它是一組事件或現象按時間或空間間隔，形成相同順序重複出現的現象。白天黑夜是日夜週期；春夏秋冬是季節週期；繁榮、滯漲、衰退、復甦是經濟週期。日出而作、日落而息是人們對日夜週期的利用；春耕、夏耘、秋收、冬藏是人們對季節週期的深刻理解。那麼，在經濟繁榮、滯漲、衰退、復甦時，投資者又要怎麼做才能踩準週期，順勢而為呢？

首先，我們來看繁榮期。繁榮意味著經濟昌盛，市場一派欣欣向榮。在市場中，各類股票型基金屢創新高。此時，大部分投資者帳戶浮盈，每日喜顏逐開。市場之外，賺錢效應讓人趨之若鶩，投資啟航。然而，瘋狂之下，PPI（生產者物價指數）卻身處高位，CPI（消費者物價指數）也在顯著上行。表面上的繁榮掩蓋不了實體企業因PPI處於高位而感受到的成本壓力，原物料大幅漲價導致的必然結果，是大幅侵蝕企業利潤。與此同時，伴

隨CPI抵達警戒線，央行開始應對：利率提升，貨幣收緊。這又將成為壓在企業肩膀上的稻草，讓它們不堪重負。所以，財報公告之日便是公眾譁然、股價應聲大跌之時。

繁榮時期，通常大宗商品類（如稀有金屬、煤炭行業）基金或者消費類（如食品、飲料）基金會有較大上漲。因為PPI處於高位會讓鋼鐵、煤炭、稀有金屬等商品享受價格上漲的紅利，CPI逐漸抬升也會讓食品、飲料等行業基金分享指數上升的紅利。此時的繁榮期還有另一個詞彙可以形容，即過熱。

過熱之後，週期走向滯漲期。滯漲期經濟增長開始停滯，同時伴隨著通貨膨脹。此時，GDP增速放緩，CPI卻依然一路攀升，產出降低，物價飆升。此時如果用寬鬆的貨幣政策刺激經濟，物價必然繼續上漲；倘若放棄寬鬆的貨幣政策，經濟又要面臨持續滑坡。所以在滯漲期，兩難之下貨幣工具失效。

但利率會跟隨通膨上行，由於新債年化收益率高，此時人們會放棄老債，購買新債，債券走熊。同時，企業利潤繼續下滑，股票型基金也將走熊。在滯漲期會股債雙殺，怎麼辦？作為投資者，此時的核心策略是避險。

策略一，配置類現金無風險資產，比如貨幣基金。雖然通膨還在，但兩害相權取其輕，貨幣基金的無風險利率可以抵消部分通膨。

策略二，配置貴金屬，比如黃金基金。配置貴金屬雖然無法生產額外收益，但在通膨期，配置貴金屬無疑可抵禦通膨。

策略三，投資剛性行業，比如能源、醫療基金。因為在任何時期，公用事業或生病治療都是剛性需求，使用者對此價格不敏感，投資剛性行業的收入更有保證。

滯漲期之後便是衰退期。當週期的輪盤從滯漲滾動到衰退，經濟增長依然疲軟，但CPI開始回落，通膨下降；貨幣出現寬鬆的需求。當經濟下行達到底線，貨幣的寬鬆政策便開始啟動。利率不斷走低之下，新債發行的年化收益率過低，人們更願意購買老債，債券市場在衰退期中首先抬頭雄起。此時，聰明的投資者早已在債券基金裡佈局，靜靜品嘗這種低風險高回報的認知變現。與此同時，隨著寬鬆政策加大，金融體系也開始受益，銀行、保險基金將開始輪動上漲。

新一輪牛市也在絕處悄悄逢生，開始孕育。物極必反，否極泰來。衰退過後，復甦就必定到來。復甦期猶如春暖花開，大地初醒，凍土化凍為良田，堅冰融化成小溪。經濟增長強勁，通膨還很良性；低利率讓企業融資擴張的意願強烈；擴張需要貸款，這讓金融企業繼續受益；隨著時間推移，企業盈利顯著改善，原物料需求放量，PPI觸底反彈；直到PPI再次過高，復甦再次走向繁榮……萬事萬物都有規律，經濟週期就是規律之一。

投資大師霍華‧馬克斯說：「智者始，愚者終。」意思是說，只有在一個週期趨勢的早期行動，才能成為笑到最後的贏家。所以，當你能在不同的週期來臨前，認識週期並提前佈局，你就有更大的可能在財富負熵之路上事半功倍。

理解四類跨度的週期

現在，你已經理解了一個經濟週期從繁榮、滯漲、衰退到復甦，再到下一輪繁榮的全過程。但這樣周而復始的週期延續的時間並不固定，不同類型的週期就彷彿俄羅斯娃娃一樣，彼此嵌套。

從不同的延續時間來看，它們總共分為四類。

第一類週期：基欽週期（約3年一次）。基欽週期也被稱為庫存週期，由美國經濟學家約瑟夫‧基欽（Joseph Kitchin）於1923年提出。人們都有機會透過把握廠商庫存導致的週期性，在資本市場上賺取商品價格波動的收益。

實際狀況是如何呢？比如豬肉週期就是典型的基欽週期。當豬肉價格過高時，養豬戶就有很強的積極性去飼養仔豬，但由於大多數人都如此行動，生豬出欄後供給大幅增加，在需求變化較小的情況下，豬肉價格就會走弱。降價後，養豬戶發現養豬無利可圖，繼而另謀出路，一段時間後供給就會減少，而需求依舊不變，價格再次攀升，整個價格一漲一跌的過程即為基欽週期的過程。無論是豬肉、半導體還是稀有金屬、煤炭的價格變化，都符合基欽週期。如果一個投資者在週期型行業基金跌到谷底處逐步建倉，在它們的價格攀升到頂點附近逐步離場，那麼他就能賺到理解了基欽週期而產生的收益。

第二類週期：朱格拉週期（約10年一次）。朱格拉週期一般

包含三個基欽週期，通常週期為8至10年。提出朱格拉週期的克里門特・朱格拉（Clément Juglar）原本是一位醫生，但後來成為經濟學家，還發表了著作《論德、英、美三國經濟危機及其發展週期》。

如果說基欽週期是因為商人對於商品庫存的把握滯後於市場實際情況而造成的波動，那麼朱格拉週期則是在更大範圍內因經濟刺激用力過猛而形成的週期變化。比如降低利率（行動一）可以刺激市場繁榮，但如果降低利率後效果並不顯著，進一步的刺激手段（行動二、三、四……）可能就會發生。然而每個行動都有它的滯後效應，而且各行動的滯後時間也會因市場狀態不同而不盡相同。

所以，沒有任何一個經濟學家可以精確指出當下的行動是矯枉過正了，還是行動不足。只有當經濟出現了顯著向上或向下的轉折點時，各類經濟、貨幣工具才會被暫時停止調動，這也意味著朱格拉週期從一個階段走進了下一個階段。

你可能立刻得出一個結論：如果誰能敏銳地捕捉到每個階段的轉折點，就有可能「抄底」、「逃頂」成功。是的，所以如何辨別朱格拉週期的階段，也是模型預測者偏愛的內容。比如就有學者總結和預測：在2007年、2015年、2024年、2032年、2042年都將出現朱格拉週期的股市牛市高峰。因此，在這些關鍵節點附近，佈局自己的投資可能就是非常明智的選擇。

第三類週期：庫茲涅茨週期（約20年一次）。庫茲涅茨週期

主要預測的對象為建築、房地產行業，該週期一般包含兩個朱格拉週期，每隔20年左右會出現一次。發現這個規律的學者西門·庫茲涅茨（Simon Kuznets）是美國經濟學家，他是1971年諾貝爾經濟學獎獲獎者。庫滋涅茨教授在研究了歐美主要國家的經濟史後，發現每隔15至25年，建築業就會興衰一次。

要解釋這個現象背後的原因其實也並不複雜，因為無論是東方人還是西方人，大家在20至30歲結婚時都會有購屋需求，在中國國內人們可能直接購買新房，在國外人們可能會租房。

但房子買來、租來後總有裝修、買家電等一系列需求，這些需求造就了建築、家電產業鏈的欣欣向榮。就拿中國來說，從1999年住房改革開始到2019年這段期間，無論是房地產行業基金還是家電行業基金，它們都享受到了這些年住房需求產生的一系列需求紅利。

那20年之後，又會發生什麼呢？答案是當年的那波青年變成了40至50歲的中年人。中年人有了一部分財富的積累，也就有了改善住房的需求，所以這波需求就又能讓提供相對高品質產品、服務、建築或家電的行業獲益，與此同時，他們的子女也逐步到達適婚年齡，房屋翻新、家電更新的需求自然也會顯著。所以，從這個邏輯出發，你去觀察中國一、二線城市人口的年齡結構，就能大致判斷出目前庫茲涅茨週期大約走到了什麼位置。當然在中國，除了庫茲涅茨週期，在和房地產有關的投資中，你還

要結合「房住不炒」的政策[*]，才能判斷你的投資決策是否確實精準。

第四類週期：康波週期（約60年一次）。被譽為週期之王的已故中信建投首席經濟學家周金濤曾說：「人生發財靠康波。」

他生前曾做出預測：A股在2008年、2019年、2030年會有三次重大機會，2019年尤其是一個非常特殊的時點。事實證明，在2019年的確開始了一次為期兩年左右的牛市。

不過就算你沒有把握到這次機會也沒有關係，因為你還有一次機會，後面的內容會講到，還是讓我們接著了解什麼是康波週期。康波週期最早的發現者是俄國經濟學家康德拉季耶夫（Nikolai Kondratieff）。後來有學者認為，康波週期由技術創新帶動。通常來講，康波週期會包含三個庫茲涅茨週期，每輪週期都以一條技術創新為主線，引領人類世界走上一輪又一輪的「繁榮、衰退、蕭條和復甦」。

第一輪：蒸汽機技術。經歷了20年繁榮、10年衰退、11年蕭條和9年復甦。

第二輪：鋼鐵、鐵路技術。經歷了21年繁榮、7年衰退、10年蕭條和9年復甦。

---

[*] 房住不炒：出自2017年中國中央總書記習近平宣讀的中共十九大報告：「堅持房子是用來住的、不是用來炒的」，其後幾年中國政府隨之祭出多項政策以抑制房價上漲與不當房地產投資行為。

第三輪：電氣技術。經歷了21年繁榮、9年衰退、8年蕭條和11年復甦。

第四輪：汽車與電腦技術。經歷了18年繁榮、7年衰退、8年蕭條和11年復甦。

發現規律了嗎？前四輪基本上都是以20年、10年、10年、10年的節奏在不斷地輪迴。

那麼現在第五輪：資訊技術。繁榮（1991～2009年）、衰退（2009～2019年）已經結束，周金濤認為2019年是低點，到2029年蕭條結束，2030年將迎來復甦。復甦之後又將是第六輪技術的繁榮。

所以，按照康波週期理論，在2030年有很高機率會出現機會，如果能把握住這次機會，那麼你的財富負熵計劃就很可能有重要產出。馬克·吐溫說：「歷史從不重複，但總會押韻。」期望你能認識週期，看清未來，從而在勝率高的時間點做功，做出勝率、賠率更高的選擇。

資產配置：
慢慢變富的科學策略

這一節，我們一起來聊聊資產配置。到目前為止，你已經理解了投資基金是實踐財富負熵、掌握年化收益率10%這門手藝可供選擇的重要路徑。而且從歷史數據來看，中國也有超過40多支基金從成立以來為廣大投資者帶來了大於10倍的收益，其中增長了20倍的也達到了5支以上，這條路徑似乎未來可期。

但是，大多數普通基金投資者還是沒賺到錢，這是為什麼呢？雪球網創始人方三文曾說，中國A股*基金投資者不賺錢，問題多半出在擇時。結合我們之前講過的行為原理模型B＝MAT，普通人通常在股票牛市（復甦後期，進入繁榮期）的時候被新聞、身邊的同事甚至家裡人頻繁觸發（Trigger），被告知買基金會賺錢，因為他們已經獲利頗豐了。於是這些沒有太多經驗的新基民一頭扎進去，卻不知道自己擇時擇在了高位。

而當週期從繁榮走向滯漲，直至衰退，股票型基金大跌時，投資者由於受不了回檔帶來的情緒劫持，因而「被割肉割在了地板上」。正如我們之前所述，追漲殺跌不是什麼新鮮事，這和人

---

* 中國A股：也稱為人民幣普通股票。是由中國境內公司發行，在中國註冊、上市以人民幣認購和交易的普通股票。

性中厭惡損失的心理有關。那麼，到底要怎樣才能避免陷入追漲殺跌的困境呢？知名投資者唐書房的一個比喻十分有趣：「要學會擴胸和減震。」

擴胸和減震

什麼是擴胸？我們都聽過宰相肚裡能撐船，擴胸的本質就是增強你的心理素質，防止你被情緒劫持，讓你更經得起價格波動，最終練就「寵辱不驚，閒看庭前花開花落；去留無意，望天上雲卷雲舒」的境界。

獲得如此高的情緒負熵能力需要持續修煉，它是日拱一卒、刻意練習的長期過程。而對於才開始啟程的一般人來說，更有實際操作意義、更能讓人實現知行合一的是減震。

什麼是減震呢？減震顧名思義，就是縮小波動的幅度。投資時，人們最難忍受的其實是由於回檔而引起的情緒劫持。因為當你將一筆錢投入市場時，剛開始跌5%，你可能覺得還可以忍一忍，但如果繼續下跌，達到了10%、20%甚至30%的時候，你會感覺自己的血汗錢白白損失，甚至晚上睡覺都要睡不好了。所以為了避免更多因損失而帶來的情緒焦慮，很多人會選擇平倉，及時止住損失。

30%的回檔已經令人十分難受了，但這就是回檔的最大幅度嗎？不是的。有的基金曾經在2015年的時候經歷過回檔43%的

窘境。其實如果回頭來看，就算你在2015年最高點的時候一頭衝了進去，持有到今天依舊幾乎翻倍，年化收益率也有12%左右，這不就達到甚至超過了我們財務獨立的小目標10%了嗎！與此同時，如果反過來看，假如一支基金每天上漲的幅度只有0.035%，但一年200個交易日持續上漲，就算單利，年化收益率雖然只有7%，不過估計仍舊會有很多人願意持續持有。

你看，人性是趨利避害、厭惡震盪的。因此，如果有一個方法能幫助你減震，這個方法就是財富負熵中最重要的事，因為它能幫你克服追漲殺跌，幫你獲得本該獲得的投資收益。

假如你有人民幣10萬元，計劃投入基金市場。我們假設你的回檔承受能力是25%，那麼市場的震盪只要達到了25%這個承受閾值，持有基金就會讓你夜不能寐，你唯有平倉才能消除焦慮。怎麼辦？答案是在投資一開始的時候，就採用股債均配的策略來減小波動幅度。具體要怎麼做呢？

很簡單，將10萬元分為兩份，股票基金買5萬，債券基金買5萬。由於債券基金的收益相對固定，年化收益率為4%至6%，而且股債雙殺的情況很少發生，所以只有整體震盪超過50%，才會讓你的總投資回檔25%以上。如此一來，就能在最大程度上避免因恐懼、焦慮造成的非理性平倉的行為。這種股票基金和債券基金混合持有的方式，就是我們所說的財富負熵中最重要的事──資產配置。

不過，資產配置固然能降低回檔的幅度，那如果在牛市裡，

不是也把盈利幅度降低了嗎？風險控制降低的辦法的確會降低收益，但如果學會了資產配置中的再平衡，你就能在一個較長的時間區間裡，去獲得一個兼顧收益與減震的策略。

這是怎麼回事呢？

資產配置的再平衡

下面我們透過兩個場景了解資產配置的再平衡。

場景一：將40萬元投入股票基金，今年上漲100%，明年下跌50%，兩年時間回到原點。

假定投資環境不變，要如何最佳化上節中的配置策略呢？我們一起來看最佳化後的策略：從40萬元中拿20萬元買入股票基金、20萬元投入債券基金，並且加入了年度再平衡（每年根據原始制定的比例重新分配股票基金和債券基金的金額）的策略。債券基金的收益相對穩定，按上漲4%計算。

第一年：20萬元股票基金上漲100%，變成了40萬元；20萬元債券基金上漲4%，變成了20.8萬元，共計60.8萬元。再平衡操作之後，把股票基金和債券基金的資金加起來重新按5：5分配，這樣兩個錢袋裡的資金又都變成了30.4萬元，即（40＋20.8）／2＝30.4。

第二年：30.4萬元股票基金下跌50%，變成了15.2萬元；而30.4萬元債券基金繼續上漲4%，變成了31.616萬元，合計

46.816萬元。

　　兩年過去了，儘管市場一漲一跌回到了原點，僅僅是漲了個寂寞，但你卻比只投資股票基金的朋友多賺了約1.17倍，年化收益率為8.2%，即（1 + 8.2%）$^2 \approx$ 1.17。

　　場景二：我們假設股票基金市場第一年下跌了50%，第二年又上漲了100%；債券基金市場依然持續上漲4%。

　　第一年：20萬元股票基金跌成了「落水狗」，變成了10萬元；20萬元債券基金則淨享4%的年化收益率，變成了20.8萬元。再平衡之下，股票基金、債券基金的資金各調整為15.4萬元，即（10 + 20.8）／2 = 15.4。

　　第二年：15.4萬元股票基金翻倍，變成了30.8萬元；15.4萬元債券基金繼續上漲4%，變成了16.616萬元，合計47.416萬元，與先漲後跌的場景持平。

　　雖然先跌後漲的感覺會讓投資者有些難受，但透過資產配置疊加年度再平衡的策略，依舊可以獲得同樣的年化收益率。

防禦／進攻姿勢切換

　　上一節我們認識了週期，知道了在衰退期債券基金為王，而在復甦期股票基金表現更好。所以，在5：5配置的基礎上，我們可以根據不同週期做一些調整。比如在衰退期，我們可以採用股4債6的防禦姿勢，而在復甦期採用債4股6的進攻姿勢。透過

切換不同的戰鬥姿勢，實現年化收益率的進一步增長。

重新回到上節的場景二中，我們假設整體市場先衰退，再復甦。

第一年：按衰退期採用股4債6的防禦姿勢，在人民幣40萬元投資中，我們以防禦姿勢先配置16萬元股票基金、24萬元債券基金。16萬元股票基金下跌50%後變成了8萬，而24萬元債券基金緩慢增長4%，變成了24.96萬元，合計32.96萬元。

第二年：週期進入復甦，切換成債4股6的進攻姿勢。32.96萬元的60%是19.776萬元，配置為股票基金；剩餘的40%為13.184萬元，配置為債券基金。19.776萬元股票基金增長100%後變成了39.552萬元；13.184萬元債券基金繼續上漲4%，變為約13.712萬元，兩者之和為53.264萬元，增長了約1.33倍，年化收益率達到了15.3%，即$(1+15.3\%)^2 \approx 1.33$。

你看，僅僅在年度再平衡的策略中再疊加一個防禦／進攻姿勢切換，我們的年化收益率就出現了巨大的增長。

當然，模型畢竟是理論，我們對於週期的感知和策略切換的時機無法做到非常精準，但正如巴菲特在1986年致股東的信中說過的那句話：「寧要模糊的正確，也不要正確的模糊。」結合對週期的理解和資產配置策略的運用，一般人也能獲得一個不太壞的結果。

在這一節的最後，我想說，2700多年前，當人們還不認識月蝕的時候，以為天狗吃掉了月亮，天災馬上就要降臨。2700

多年後，幼稚園的小朋友都知道，月蝕只不過是地球擋住了太陽射向月球的光而形成的。是認知改變了人們的心智，讓人類進步。

　　10年前，當普通投資者不知道資產配置、資產配置的再平衡、防禦／進攻姿勢切換為何物時，恐懼焦慮；10年後，你不僅獲得了這些認識，並且在投資中知行合一。你的認知得以擴大，擴大到足以匹配使你財務獨立的財富。

夢之組合：
成為基金經理們的經理

現在，你已經知道了資產配置對你的財務獨立之路至關重要。所以這一節，我們將更進一步，我會詳細地和你分解資產配置中你必須瞭解的關鍵因素，讓你也能根據這些重點進行具體的基金組合，成為基金經理們的經理，用相對低廉的成本去僱用基金經理來為你工作，打造你的資產配置「夢之隊」！

如何選擇資產配置「夢之隊」

我們都知道，在籃球場上有前鋒、中鋒和後衛之分，他們一起組成一支隊伍，在面對對方進攻時，做好防守；在陷入膠著狀態時，進行纏鬥；在看到機會後，全面進攻。

在投資路上，你也完全可以透過僱用風格、特長完全不同的5位基金經理組成你的「夢之隊」。這樣的組合讓你在不同的市場週期內切換作法，獲取收益。而且和籃球明星動輒百萬、千萬的年薪有別，你只需每年付出投資總額中0.6%至2%的基金管理費，就能立刻成為「夢之隊」的經理，然後站在賽場之外，靜看這些選手為你披荊斬棘，幫助你獲得戰勝市場的超額收益。

在任何行業，人才都是一切生產力的根本。優秀的人才所

能產生的生產力不只是平庸者的120%、130%，從長期來看，如果再加上複利效應，其中相差的水準可能高達700%、800%甚至1000%以上。所以，當你挑選「夢之隊」成員的時候，請務必像一位面試官一樣，仔細地考察候選人。

你可以透過查看這位隊員的過往歷史，尤其是超過5年的長期投資歷史，嚴格篩選你的隊員。因為從短期來看，他很可能只是運氣過人。曾經有一位投資大師提出過這樣一個思想實驗：想像你管理著1024隻猴子，你可以讓每隻猴子隨意挑選若干支股票，使之組成投資組合，然後觀察哪些猴子可以在接下來的一年中成為前50%的贏家。1年後，512隻猴子勝出了；兩年後，又有256隻獲勝；三年後，留下了128隻；以此類推⋯⋯

10年過去了，大浪淘沙之下，最後一隻猴子成為唯一的贏家。在不明真相的群眾看來，它簡直就是投資界的王者，但從機率論上來講，這份榮耀不過是幸運降臨。1024隻猴子就能出現一個幸運兒，目前全中國的基金經理早已超過了5000人，更何況失敗的基金經理可能早已黯然轉行。因此，你需要盡可能去挑選具備5年以上基金主理經驗、成績長期處於優秀水準以上的隊員，這些人才更可能是真正的高手。

評價基金經理的四大指標

第一個指標：經驗值。是的，如我們前面所述，一個基金經

理的經驗值至關重要。就和網路遊戲中的人物經驗類似，他在整個行業中的時間越久，在優勝劣汰之下，他的經驗值自然就越高。他越受到牛市、熊市交替的洗禮，也就越不會在極端場景中慌不擇路，被情緒劫持。所以，從事投資的經驗大於5年，是我們評價基金經理的第一個關鍵指標。

第二個指標：收益能力。收益能力是統計這支主動型基金的盈利性指標，是衡量基金經理透過自己的獨特眼光戰勝市場的能力依據。

巴菲特曾經在2005年向整個美國市場喊話並設置了一個賭局，他下注50萬美元。任何一位華爾街的投資專家自行選擇4支以上的對沖基金，10年後看是投資專家選擇的基金整體收益率更高，還是標普500指數表現更好。結果，這場賭局最終只有一個叫泰德·塞德斯的基金經理敢於迎戰。離10年賭局還差半年到期的時候，標普500指數已經實現了翻倍，年化收益率達到了7.1%。反觀泰德·塞德斯一頓操作猛如虎，手下多支基金最高年化收益率只有5%，最低的那支甚至還不到0.5%，連活期利息都趕不上。

無論是國內還是國外，基金經理從數量上來說，可以用不計其數形容。但10年下來，真正可以戰勝市場的只能用寥寥無幾形容。可見，收益能力能趕上指數的基金經理才是真正的出類拔萃。

那麼，如何判斷一個基金經理收益能力的好壞呢？不是直接

去看收益率的絕對值，而是將它和滬深300指數去做比較。假設在某個時間點滬深300指數過去5年的年化收益率約為10.2%，如果某支基金在同樣的時間範圍內，其年化收益率遠遠大於10.2%，比如達到了17%，那麼就可以認為操控這支基金的基金經理收益能力很強。

第三個指標：最大回檔。一支基金有傑出的收益率就可以投資了嗎？正如我們之前反覆強調的，廣大投資者不賺錢而虧錢的原因，歸結起來主要就是追漲殺跌。但追漲殺跌是果，什麼才是追漲殺跌的因呢？

答案是波動。當一支基金上漲5%時，投資者會竊喜，說不定回家吃晚飯還會忍不住加個菜；但當基金跌回成本，持續跌幅超過5%時，整個人都不太好了；跌10%，開始縮衣節食；跌15%，都沒有勇氣看自己購買的基金了；跌幅倘若超過20%，如果資金量過於龐大，投資者甚至夜不能寐。此時投資者雖然心痛，但也只能把基金贖回，才得以睡個安穩覺。所以，波動是普通投資者追漲殺跌的因。

最大回檔率是在選定週期內任意時間點往後去推，基金產品淨值跌到最低點的收益率回檔幅度的最大值。只有它足夠小，才能更有利於投資者避免追漲殺跌。所以，它是衡量一個基金經理抗風險能力的重要指標。

第四個指標：投資性價比。投資性價比也有一個專業術語，叫作夏普比率。它衡量的是你持有這支基金時，每承擔一份風險

所獲得的收益比例。所以，投資性價比越高越好。由於這項指標很好理解，這裡就不再花費筆墨詳細展開。

如何打造資產配置「夢之隊」

1000個讀者的心中就有1000個哈姆雷特。你也可以自己去觀察基金經理們過往的表現，從而選出你心目中前鋒、中鋒和後衛的最佳人選。

前鋒，在牛市能為你攻城掠地，但在熊市裡也會因為風格太過激進而形成大幅回檔。比如一些老牌明星基金經理，他們無論在經驗值還是收益率上都堪稱卓越，無疑會在一輪大牛市中給你帶來超過30%甚至50%的收益。

但任何一枚硬幣都有兩面，收益越接近極端值，風險則越高，它們的最大回檔往往就很難做得很好。所以，作為前鋒，他需要配合同樣優秀的中鋒、後衛，才能透過長板理論發揮出整支「籃球隊」的戰鬥力。

中鋒，需要有強大的控場能力，他在收益率、最大回檔這兩項能力上都不算最強，年化收益率大概也就在10%至15%之間，但他是整支球隊的中流砥柱，尤其在關鍵時刻，中鋒能穩定軍心，掌控全場。

那麼，誰適合成為你的中鋒呢？除了經驗值，他還需要在收益率和最大回檔上有一定的平衡。從數據上來看，中鋒類的基金

經理通常符合532法則，即：

> 近5年的收益率位於前五分之一（前20%）
> 近3年的收益率位於前三分之一（前33%）
> 近2年的收益率位於前二分之一（前50%）

換言之，不要求他近期表現特別好，但不至於低於平均水準，可是得要求他長期位於「二八法則」中的前20%之列。

後衛，是一支球隊的防禦力量，是磐石也是後盾。因此，在後衛的人選上，我們追求的並不是收益率有多少，而是這位隊員是否夠穩定。後衛通常是債券型基金，年化收益率可能只有7%甚至更低，但後衛由於最大回檔特別小，所以總是能夠為投資者帶來穩穩的幸福。

只要有好的隊員就能贏得比賽嗎？當然不能，贏得比賽還需要策略；而在投資世界中，策略要根據我們之前講的市場風格決定。

在股市牛市（復甦週期），較優的進攻策略是2後衛＋1中鋒＋2前鋒。

在股市熊市（衰退週期），穩妥的防禦策略是3後衛＋2中鋒。

在平衡市（蕭條期或滯漲期），採用3後衛＋1中鋒＋1前鋒，或2後衛＋3中鋒的策略。

交易系統：
順應人性才能知行合一

　　資產配置是財富負熵最重要的事，但總是會有人站出來說，資產配置的路徑太過於保守和寂寞。我的身邊從來都不缺直接交易股票就賺得盆滿缽滿的朋友，我想說，如果你也實在忍不住想要交易股票，既然堵不如疏，那麼你也可以考慮順應人性，拿出投資總金額的5%至10%用來作為直接交易股票的資金。

　　這個小資金的意義有兩個方面：一方面，可以作為自己「解手癢」、滿足自身情緒價值的工具；另一方面，它也是一種測試，你可以觀察自己在3至5年的時間裡，到底是資產配置的收益更高，還是直接交易股票的獲益更大。不過，在你進行這項測試之前，我還是想先分享一些經過歷史驗證、勝率更高的股票交易策略給你，供你參考。在直接交易股票的人當中，存在兩種流派，一種是價值投資者，另一種是趨勢交易者。

價值投資者的交易系統

　　價值投資者佔少數，他們賺取企業成長或者價值被低估的錢。從企業成長角度來看，最核心的指標是ROE（Return on Equity），中文的譯稱是股東權益報酬率，這是稅後盈餘除以股

東權益的百分比。在巴菲特的合夥人查理・蒙格看來，一個企業的ROE相當於其股價長期的增長率。

低質企業的ROE：不超過10%
良好企業的ROE：10%至15%
優秀企業的ROE：15%至20%

你可能會問，為什麼有些企業的ROE可以大於50%呢，難道是卓越企業嗎？並非如此，這類企業往往前一年的基數較低，因此才會出現大幅增長，一般來說，大於50%的ROE很難長期保持。除了ROE，還有PE（Price-to-Earning Ratio，本益比，股價與每股收益的比率）和PB（Price-Book Ratio，股價淨值比，股價與每股淨資產的比率）兩個指標。但請別拿不同行業的數值來比較，最好的辦法是觀察它們目前處於歷史百分位的多少。價值投資者總在歷史百分位的低點分批買入股票，然後靜待時間的玫瑰慢慢盛開。

不過很多人無法真正去實行價值投資，因為大多數人普遍缺少定力，心浮氣躁。他們恨不得每5分鐘看一眼手機，頻繁買進賣出。所以，追漲殺跌的投資者更偏好趨勢交易。

趨勢交易者的交易系統

趨勢分為三種形態，也有不同的交易系統。

第一種趨勢：上漲趨勢。上漲趨勢意味著股價一路創新高。在螺旋式創新高的路上，被驗證有效的交易系統之一是大名鼎鼎的海龜交易法則。海龜交易法則的發明人是美國期貨界的傳奇人物查‧丹尼斯。這個系統有非常清晰的指導原則。

第一，交易品種的規則。在丹尼斯看來，投資者需要把他手上的資金分成12份，然後投入關聯性相對較低的行業，並且每一筆投入都不能超過4份。比如你買了4份白酒企業A，就不能再買白酒企業B。高關聯度方向的投入也不能超過6份。比如你買了3份新能源企業，那麼鋰電池類企業就不能再買超過3份。因為市場是輪動的，這樣才能讓你手上的趨勢投資出現東邊不亮西邊亮的效應。

第二，入場策略的規則。如果你偏好做短線，由於趨勢交易者追逐的是上漲趨勢，所以當連續20個交易日創新高時，就是你的買入點。如果你偏好做長線，那麼當連續55個交易日創新高時，則是你的買入點。而且，既然是交易法則，那麼投資者必須嚴格遵守規則，不能因為連續15個交易日創出新高就買，也不能因觸發了買入條件卻擔心價位太高而不買。

第三，停損策略的規則。買入時，你還要同步設置好停損點。如果是短線趨勢交易，這個位置通常會根據過去20個交易

日的平均波動幅度來確定。波動幅度為n，停損差額則為2n。比如一支股票在20個交易日的向上突破價位是20元，平均波動率為5%，則n＝20元×5%＝1元，2n＝2元，那麼停損價即為初始買入價－停損差額＝20元－2元＝18元。由於假設處於上漲趨勢，所以股價雖會回調，但從機率上來說持續向上的可能性更大，所以買入後假如沒有觸發停損點，則應持續持有。

　　第四，出場策略的規則。都說會買的是徒弟，會賣的是師傅，但如果運用交易法則，就算是師傅，賣出的價格也必須是機械式的。在海龜交易法則中：

短期：如出現10天最低點，賣出。
長期：如出現20天最低點，也賣出。

　　依舊以做短線為例，假如20元買入的股票最高漲到了35元後，在最近10天持續盤整，不僅沒有創新高，而且還在第10天跌到了10天內的低點30.9元。那麼此時，出場的時間就到了。

　　總體來說，在上漲趨勢中，海龜交易法則的四類原則需要你買入和持有強勢品種，然後透過不斷上漲獲取高額收益。但上漲趨勢並非時時都有，如果趨勢不在，那麼追漲成功的機率也會降到最低，尤其在震盪趨勢中，假突破很可能頻現。此時，就必須用第二種交易系統匹配震盪趨勢來應對。

　　第二種趨勢：震盪趨勢。在震盪趨勢下，股價總是在一段區

間裡上上下下徘徊。它上不扶搖直上，下不一泄千里，就這麼「搭電梯」，讓投資者體驗上上下下的感受，投資者持有許久也只是賺了個寂寞。但如果你能熟練使用適合震盪趨勢的網格交易系統，那麼你也能在別人只賺寂寞時賺到錢。

網格交易，顧名思義，就是把價格帶用網格區間標示出來，然後每下跌一個網格就買入一些，每次上漲的時候再分批賣出。網格交易通常分成三個步驟。

第一步，設置網格。比如你觀察之前的走勢，股價在15%至20%之間遊走，那麼你把網格設置成5%就相對合適。

第二步，設置金額。你可以根據自己的資金情況設置每份投入多少資金。比如你的總投入為20萬元，那麼分成5份就是每份4萬元整。

第三步，開始交易。以你第一筆買入為錨點，每下跌5%，買入1份金額；每上漲5%，則賣出上一筆買入時的對應份額。

舉個例子以方便你理解。比如你初始買入價格為5元，買了1萬元，即2000份。當跌到4.75元，你又買了1萬元，約2105份。然後價格又跌到了4.5元，那此時就可以再買1萬元，約2222份。接著，股價開始反彈，彈到了4.75元，此時你要賣出的份數是上一次買入的份額，即2222份，賣出的總金額為10554.5元，獲利554.5元，獲利比例約為5.5%。然後股價又回歸5元，於是你再賣出2105份，總金額為10525元，獲利525元，獲利比例5.25%。沒想到後來股價又上升到5.25元，於是你

把第一筆2000份賣了，這次賺了500元，即獲利5%。萬萬沒想到，股價再次上漲，漲到了5.5元，此時你已經賣無可賣，怎麼辦？

為了解決類似的問題，你可以在初期建倉的時候多買入2份，以備應對類似的情況。

當然，以上舉例是遇到買入後股價下跌的情況。如遇上漲，又怎麼辦呢？也很簡單，每上漲一次拋售一份即可。不過，就算是震盪趨勢，網格交易系統也更適合指數基金的投資標的。這是因為股票類的投資不像指數基金，40多元的中國石油股票可以一路跌到10元以下難以回歸，而指數基金萬一買錯了，未來價值回歸的可能性也遠高於股票。而且，就算在很長一段時間裡真的演變成一路下跌的趨勢，你還可以去匹配第三種趨勢。

第三種趨勢：下跌趨勢。你可能會說，面對下跌趨勢還不簡單，把手上的投資都拋售乾淨，移除交易軟體，等什麼時候上漲或震盪趨勢回來再介入吧！是的，你說得沒錯。但誰能預估下週、下個月、下一季，甚至下一年的下跌趨勢就突然變盤了呢？

阿甘說：「人生就像一盒巧克力，你永遠不會知道下一顆是什麼味道。」所以，面對跌破震盪區間的下跌趨勢，一種可以用來應對的簡單交易系統是定投。定投有一個重要假設，是在一定的時間後，股價會重新漲回原來的位置。我們假設你在進行短期的網格交易操作，但當它突破了前期低點後，你發現苗頭不對，於是轉而開始定投。

　　如此這般，在你的定投過程中，你每月投入的股價均值最後會遠遠低於初始值，而當股價回歸至與初始值相當的位置時，你的收益也就有了保證。另外，還有兩點值得注意。

　　第一，很多投資者往往在下跌路上由於看不到底而放棄定投，有些甚至因情緒崩潰而在接近底部的位置全部賣掉，實在令人扼腕嘆息，聰明的你可千萬不要做這種傻事。

　　第二，當定投獲利時請務必做到停利。比如在年化收益率達到15%時完成停利操作，然後根據當下趨勢情況，重新以適合的交易系統應對。

　　最後我想說，道理很容易懂，但真正實踐起來則真的不簡單。正如網上有人調侃，不要拿自己的業餘愛好去挑戰別人的專業。事實上，這也是一般投資者與專業基金經理本質上的區別。

第四章

身體負熵：
五大延緩身體熵增的途徑

身體負熵是另一個重要支柱。尤其是在我們年齡漸長之後，我們會越來越發現它是一串數字0最前面的那個1。所以，雖然身體衰老，走向熵增不可避免，但本章的目標是以「吃、動、早、睡、冥」這五種不同的身體負熵策略，去延緩衰老的到來。

吃喝策略：
怎麼吃才能為身體減負

　　想像一下，當你提升了認知，掌控了情緒，實現了財富獨立，接下來，你是不是特別希望在這個世界上，在更長的時間裡獲得更高的生活品質？是的，身體負熵的目標正是以當下為因，收穫更長維持時間、更高生活品質的果。

你是你吃出來的

　　多年前，當你呱呱墜地時，你可能只有一個小熱水瓶那麼大。然後，母親用乳汁哺育著你嘟嘟的小嘴，你閉著眼睛，貪婪地吮吸。

　　兩三年後，你長大了些，坐在寶寶椅上，手舞足蹈地把你沒見過的食物往嘴裏塞。「哇！紅燒肉好美味」、「咦！檸檬好酸……」

　　十幾年後，你已經比媽媽還高了，你愛上了喝汽水，夏天的冰淇淋是你的最愛。

　　二十幾年後，你開始工作。下午集體點奶茶是你們部門的文化，這真令人感到幸福。聚餐時，你和同事一起去吃自助式日本菜，桌上的螯蝦、海膽生魚片令人垂涎。

三十幾年後，你的體態開始變得臃腫，躺在床上時，伴侶提醒你有雙下巴了；體檢報告顯示你有脂肪肝，你意識到自己的體重超標了。

是的，你是你吃出來的，充足的食物讓你很快地長大，而過多的食物也在今天成為你的負擔，讓你變得「圓潤」，積攢了過多的熵能量。

怎樣是過多？美國羅格斯大學食品生物技術博士馬勝學曾在他的著作《失衡：為什麼我們無法擺脫肥胖與慢性病》中提到：「能量是維繫一切生命跡象的根本，而代謝是能量之源。當代謝處於動態平衡，人體才會健康。」

動態平衡＝每日攝入－基礎代謝－運動代謝

其中，基礎代謝會隨著年齡的增長而下降。普通人在25歲之前，由於生長發育的需要，基礎代謝較高；一旦過了25歲，代謝水準就會逐年下降；尤其到了40歲後，每10年基礎代謝就會下降5%。

所以，這也是很多人25歲之前就算天天晚上吃燒烤、麻辣鍋、喝汽水，依舊身材苗條、纖纖得衷；而到了中年，哪怕已經注意飲食，依然身材走樣、各種肥胖病找上門來的原因。

定目標、追過程、得結果

雖然基礎代謝無法改變，但我們能掌控每日的攝入，透過定目標、追過程獲得結果。實際上要怎麼做呢？

2019年6月3日，我的體重達到了人生巔峰，身高一百七十幾公分的我，體重竟然達到了73公斤。

在閱讀和學習了相關書籍和課程後，我認識到減脂本質上同樣是一個從A點抵達B點的過程，而且減脂的路徑更簡單，只要根據目標與現狀做好計算題，那麼接下來就僅僅是每日的實踐而已。

第一步，定目標

我用手機下載了一款健康類的App，根據系統提示輸入目標：跟高中時代相同的體重——63.8公斤。同時，繼續輸入期望達成目標的日期：12月25日。之所以選擇這一天，是因為12月25日是聖誕節，我希望用一種有儀式感的方式，透過自己的學習、思考和持續做功，送給自己一份聖誕禮物。

不過僅僅有一個目標顯然是不夠的，你也一定看過身邊許多人曾經無數次定下減脂目標，最後卻都不了了之。所以，定完目標後，必須規劃路徑來追蹤過程。

第二步，追過程

過程要怎麼追蹤呢？其實，減脂的本質是減去人體熱量差。這和我們小學時做的數學應用題非常類似：有一個3000L的蓄水池，進水速度為200L/h。同時，底部有一個排水口，排水速度為180L/h。問：多久可以把蓄水池裡的水蓄滿？

我們的身體就是這樣一個蓄水池，一般35歲左右的男性每天基礎代謝大約在1800kcal至2000kcal（千卡／大卡，1kcal＝4.1868kJ）。假設我的基礎代謝為1900kcal，那麼如果我需要在6月3日到12月25日期間，讓體重從73公斤降低到63.8公斤，每天就必須製造200kcal至250kcal的熱量缺口。熱量缺口的計算公式：

熱量缺口＝基礎代謝－攝入總量

如：熱量缺口＝基礎代謝－攝入總量＝1900－1650＝250kcal。

所以，追蹤過程就變得非常簡單：把每日攝入的熱量控制在1650kcal至1700kcal之間。只要每日實行，就能有效地獲得結果。

不過，如果你真的認為減脂如此簡單，恐怕你就錯了。因為很多人在此過程中難以堅持下去，這是由於他們通常缺少了一個步驟，這個步驟的缺失會讓他們無法持續獲得做功的動力。

這個步驟是什麼呢？是透過策略構建大腦獎勵。

策略：構建大腦獎勵

怎樣構建大腦獎勵呢？我的策略是定時、定狀態稱重。

6月之後是盛夏，每天起床後我做的第一件事情就是如廁，然後在僅僅身穿貼身衣物的情況下上秤稱重。在行動最初的幾天，我發現前一天還是73公斤，但第二天一大早就變成了72.7公斤，第三天變為72.5公斤……

這種即時回饋為我帶來的大腦獎勵，跟吃了5隻雞腿、10支冰淇淋的程度相當，這是什麼道理呢？

我曾經在《行為上癮》這本書裡介紹過一個叫作史金納操作制約實驗。1938年，行為心理學家史金納發明了一款名叫「史金納箱」的裝置。在這個裝置中，史金納把一隻饑腸轆轆的小白鼠置入其中，牠只要去按壓一個按鈕，裝置便能掉落一小塊食物。這樣的即時回饋讓小白鼠學會了按壓按鈕，並讓牠認識到按壓按鈕與食物獎勵存在內部聯繫。當然，在調整了裝置的設置後，即使按壓按鈕也不再掉落食物，小白鼠按壓按鈕的行為也逐漸消失了。

這就是著名的史金納操作制約實驗，而即時獎勵機制也被證明可以有效地激勵和改變生物的行為。不僅如此，美國作家查爾斯·杜希格（Charles Duhigg）也在著作《為什麼我們這樣生

活，那樣工作？》（*The Power of Habit: Why We Do What We Do in Life and Business*）中提出過類似的佐證。杜希格提出了關鍵的習慣模型：觸發刺激帶來行動，行動帶來大腦獎勵，如此重複，一條習慣迴路透過兩個簡單步驟的反覆強化就能打通。

回到我養成減脂習慣的路徑：「每天起床」是觸發刺激，「如廁後稱重」是行動，「稱重結果顯示數據降低」則是大腦獎勵。

選擇早上稱重也是有原因的，因為經過一整晚的睡眠，人體中的一部分水分會蒸發，這樣，早上稱重得到的數值就會比晚上稱重得到的數值要小一些。更小的數值會為你的大腦帶來更多的愉悅感，進而讓你產生更大的動力去控制攝入，製造熱量缺口，然後在下一次稱重時獲得更小的、為你大腦帶來更多愉悅感的數值。

最終，一條透過即時回饋來獲得大腦獎勵，幫助我啟動減脂習慣的迴路就被強化了。

從策略到行動

不過，光有理論指導還不夠，每天攝入1650kcal至1700kcal的目標雖然是一個指導性路徑，但具體落實到吃什麼、怎麼吃，其中包含著三個關鍵點。

關鍵點一：計算熱量

如果每日攝入熱量為1650kcal，那麼可以大致將其分解為：早餐450kcal、午餐550kcal、晚餐500kcal、點心150kcal。

在開始實施以上標準時，我們需要對食物的熱量有一個大致的認識，比如一個素餡包子大約150kcal，一杯咖啡大約68kcal，一個雞蛋大約76kcal……

實施減脂，你一定要對食品包裝袋上的營養成分表有很強的敏感度，養成觀察該食品每100克含多少熱量的習慣，比如有些麵包每100克含1400kJ熱量，這就相當於每吃100克該類麵包，就攝入了約334kcal的熱量。

關鍵點二：少食多餐

由於工作繁忙，午餐我都會點外送到公司。外送飯菜的量通常都比較大，所以我會提前規劃好，把一頓外送分成午餐和晚餐來食用。這樣一來，既能避免浪費，還能把午餐和晚餐的總攝入熱量控制在1050kcal以內。

你可能會問，為什麼你還安排了150kcal的點心呢？因為你在實施減脂的過程中，由於攝入熱量降低，你最大的敵人不是意志力，而是在吃下一頓飯之前產生的饑餓感。

此時，你可以為自己準備一些水果：黃瓜（每根熱量大約16kcal）、番茄（每個熱量大約25kcal）、低脂麵包（每片熱量大

約30kcal）來消除你的饑餓感。同時，你還要特別小心餅乾這種食物，別看一些蘇打餅乾打著健康的旗號，其實熱量一點也不低，小小一片就相當於兩個番茄的熱量。另外，我會常備一些零卡可樂，當我實在想喝飲料時就會喝它，既能解饞，又能避免攝入過多熱量。

關鍵點三：理解滯後效應

如果你入住了一家旅館，打算放熱水洗澡，但放了1分鐘，水管出來的仍舊是冷水，你會不會懷疑旅館的熱水裝置壞了，繼而去關掉水龍頭？但如果賓館服務人員告訴你，由於旅館的熱水輸送管路很長，需要90秒才會出熱水，你是否就會有耐心等待這90秒？

行動與回饋之間存在一定的滯後，也就是所謂的滯後效應。

實行減脂的過程中，你一定會遇到連續幾天體重都不變的瓶頸期。如果對此沒有預期，很容易陷入焦慮，懷疑熱量缺口這套理論體系的有效性。懷疑一旦產生，就會動搖你的行動，以至於行動改變、目標擱置。

你需要了解，由於人體的消化道總長度為6至8公尺，因此，吃下去的食物在離開人體前會有一段漫長的旅程，這就如同旅館的熱水需要等待很久才會從水管流出一樣，滯後效應通常都會在減脂後的幾天內出現。

有了這種認知，當你遇到瓶頸時，你才不會焦慮，並且還能

用這種關於滯後效應的認知去啟動心理能量，繼續保持每天製造人體熱量缺口的行動，然後安靜地等待。幾天後，你會發現自己的體重數值一下子降低很多。

　　截至2019年11月12日，歷時162天，我提早完成了原本定在耶誕節完成的目標，總計減輕9.2公斤，成功耗散相當於18個手掌大小的脂肪塊，我也成功恢復了高中時代的體重，年底體檢時，脂肪肝也消失了。

　　整個過程對我來說也是一次對於身體負熵的感悟過程。現代社會，人心浮躁，人們都希望7天掌握某種本領，14天學會某個技能，21天養成某個習慣，最好1個月能瘦5公斤、10公斤，3個月就可以升職加薪、投資暴富。

　　人們總是沒有耐心等待長期堅持的效果，過多地期待短期速成。希望你在看到我162天的減脂過程後，能理解定目標的驅動作用、追蹤過程時策略的力量、行動中如何在關鍵節點實現跨越。最後祝你也能以此為範本，日拱一卒，偶爾猛進。

　　對了，為什麼我比預定時間提早43天就完成了目標呢？因為我同時採取了另一個行動，我會在下一節介紹。

運動策略：
有效減脂的關鍵策略

在動態平衡的公式中，如果你已經掌控了控制每日攝入總量的方法，還富有餘力，那麼接下來，你還可以透過運動策略進一步擴大每天的熱量缺口。

如果把人體比喻成一顆手機電池，則基礎代謝是人體處於靜止狀態時的熱量消耗，相當於手機處於待機狀態時的電量消耗，這類消耗十分有限；而運動代謝是人體在運動過程中的熱量消耗，相當於手機運行大型 3D 遊戲時的電量消耗，會加速熱量消耗。

你可能也聽說過，人體有三種提供能量的方式：糖、脂肪和蛋白質。消耗更多脂肪是減重者普遍的願望，但每個人在不同心率狀態下的消耗佔比是完全不一樣的，什麼樣的心率才能使你的身體代謝脂肪效率更高呢？有這樣一個公式。

有氧運動最佳心率＝
（220－年齡－靜止心率）×（40%～60%）＋靜止心率

為了讓你理解起來更直觀，我拿自己舉例。

我的有氧運動最佳心率＝

（220－38－62）×（40%～60%）＋62＝110～134

　　生活中，你可以用智慧手錶或手環來即時監測自己運動時的心率，以達到運動代謝的最好效果。接下來我要和你講講我親測有效的三類運動。

最適合的運動方式之一：慢跑

　　你真的會跑步嗎？看完接下來的內容，你很可能會後悔，後悔沒有早一點這樣跑。

　　很多人之所以不把慢跑作為主要的運動策略，是擔心跑步會傷膝蓋。我實行了《跑步治癒》這本書裡講到的跑法後，才終於找到了科學的慢跑方法。

　　你需要注意以下三點。

第一，別過度跨步跑，而是要重力跑

　　什麼是過度跨步跑？這本書裡說：「大多數人未經訓練時，都會不自覺地陷入過度跨步的狀態。這種未經訓練的跑法大量使用的是大腿前側以及小腿的肌肉，當腳掌落地時，小腿與地面之間會形成一個銳角，而膝蓋作為小腿與整個身體的連接點，同時承受著來自身體向下的重力分力以及身體向前的推力分力，這會

讓膝蓋同時承受兩個方向的力，造成磨損。」

　　而重力跑剛好可以解決這個問題。如何才能實現重力跑呢？簡單來講，就是身體要前傾，利用重心向前產生的動力，自然而然地讓身體跑起來。你可以現在就站起來實驗一下，重點觀察自己的腿，是不是大致垂直著地。

第二，別蹬腿，而是要拉腿

　　蹬腿用的是小腿發力。請繼續想像一下，就像前面說的，膝蓋是小腿和整個身體的連接點，小腿一蹬，向上發力，而身體本身又受到向下的重力，膝蓋在中間同時承受向上和向下兩種力，也會受到磨損。

　　拉腿是大腿的後側發力，透過這塊肌肉把整個小腿拉起來。你現在可以站起來感受一下，把注意力放在大腿後側，慢慢把腿拉起來。在重力跑的過程中，一定要注意時時刻刻做到刻意拉腿。

　　找到感覺後，跑步時把拉腿變成身體慣性就可以了。

第三，注意步頻

　　步頻是每分鐘腳落地的頻率。在說這個概念之前，請你先做個實驗，把右手做成7的手勢，然後快速地在胸口連戳十下，越快越好，然後再用同樣的手勢，在胸口慢慢地戳十下。感受一下哪種力道強、哪種力道弱？是不是越快越弱、越慢越強？

　　沒錯，跑步的步頻也是同樣的道理。

　　美國威斯康辛大學麥迪遜分校的傑克‧丹尼爾是一位奧運冠軍，也是運動員教練。他在著作《丹尼爾博士跑步方程式》（*Daniels' Running Formula*）中提出，180步／分鐘的步頻可以有效減少腳著地時膝蓋受到的衝擊。

　　180步／分鐘即每秒跑三步，聽起來容易，做起來有點難。別擔心，在各類音樂App上搜索「跑步180拍」就能找到很多節拍音樂，只要一邊聽著這些節拍音樂，一邊跟著拍子跑，你立刻就能達到世界跑步大師的要求。是不是非常簡單？

　　有了這些方法，就不用再擔心跑步導致膝蓋損傷，可以更有效率地跑步，這樣的跑法一定可以讓你的體態更輕盈。

最適合的運動方式之二：跳繩

　　下雨天或陰天，室內跳繩是一種非常適合的運動。不過跳繩這種運動，會讓心率上升得很快，所以你在安排跳繩的節奏時需要有一定的技巧。我的做法是，一組跳一分鐘，先連續不斷地雙腳跳一組，然後透過智慧手環觀察自己的心率。此時的心率通常可以達到135至140次／分鐘，即超過了我有氧運動的最佳心率。

　　此時，我會選擇在室內來回走走，大約1至2分鐘後，當心率回落到100次／分鐘的水準時，繼續跳第二組，以此類推。10分鐘左右通常可以完成4至5組。

這種跳繩的模式其實和HIIT（High-intensity Interval Training，高強度間歇訓練）很類似，它能讓身體對氧氣的需求增加，在跳繩一分鐘的過程中製造出缺氧狀態，從而讓你的身體在來回走動的恢復期需要吸入更多氧氣。

瞭解到這種方法後，我在辦公室裡、家裡都會常備一組跳繩，在大腦休息的時間空隙，可以隨時隨地跳上幾組，高效消耗掉身體的熱量。

最適合的運動方式之三：橢圓機

無論慢跑還是跳繩，對於有運動習慣的人而言，可能很容易被接受。但倘若你是運動新手，運動時可能會覺得時間過得很慢，簡直度秒如年。

愛因斯坦在解釋相對論時說，你和一個漂亮女孩子坐在一起一小時，你感覺彷彿只過了一分鐘；而獨自坐在烤爐前一分鐘，卻感覺彷彿過了一小時。

也有人說，一分鐘到底是長是短，取決於你是廁所外攥著紙巾排隊的那位，還是廁所裡坐在馬桶上滑手機的那位。

你看，從這些對比，我們其實就可以獲得讓運動時間過得更快的啟發。這個啟發就是：把我們平時覺得時間過得快的事情和運動相結合。比如，很多人覺得看短片、逛購物網站的時間過得飛快，那麼，是否可以把這些行動與運動相結合，實現感知層面

的飛速運動呢？

　　當然可以，不過很重要的一點是運動器材的選擇。你能一邊捲腹一邊看影片嗎？你能一邊跑步一邊逛購物網站嗎？就算可以，必然讓人頭暈眼花，影響運動效果。

　　去年，我們公司的行政部門為了增加員工福利，特地開闢了一個房間，購置不少運動器材，搭建了一個員工健身房。我拿自己做試驗，體驗了包括划船機、跑步機、槓鈴等多種運動器材後，發現橢圓機是飛速運動的絕佳伴侶。理由如下：

　　第一，橢圓機是一種原地運動機械，你只要用雙腳不斷地蹬，就能輕鬆完成運動所需的全部動作。

　　第二，橢圓機的上下振幅很小，就算你一隻手扶住扶手，另一隻手拿著手機，也不至於有危險。

　　第三，也是最重要的，你只要透過設定，把強度設定在適合你的程度，你的心率就能輕輕鬆鬆達到110至130次／分鐘。

　　如前所述，做運動的目的不就是要讓心率保持在較高水準，從而達到運動代謝的效果嗎？透過滑手機和橢圓機的組合，你會發現：咦？運動時間怎麼會過得那麼快？怎麼沒一會就大汗淋漓了？

　　我通常會在抵達公司後，一邊在橢圓機上完成每天20至25分鐘的運動任務，一邊在手機上把中午的外送、晚上的水果和牛奶都點好，然後瀏覽一下今日熱搜，了解一下時事，接著再看一部電影的解說。一個番茄鐘（25分鐘）就這樣高效地結束了。

　　不要傻傻地努力，而是有策略地成為更好的自己。要想實現身體負熵、對抗熵增定律，很多具體的行動都要消耗意志力，是反人性的。透過這種運動策略，在你養成運動習慣之前，讓你的大腦能輕鬆接受原本不願接受的行動，自然會比別人進步得更快、更輕鬆。

　　當然，我必須提醒的是，無論做何種運動，一定要先做好熱身。網路上有大量的熱身影片，你把其中幾個關鍵動作學會後，每次在運動之前做好熱身，就能更安全、更有效地實現運動代謝。

早起策略：
早起讓你每年做成一件大事

　　現在，你可能開始制訂自己的運動計劃了，但你馬上意識到，有兩座大山橫亙在你通往目標的路徑上：時間和精力。

早起，提升生命的寬度

　　以前，每當我做不成一些事情時，我也總是用「沒有時間和精力」來安慰自己，但一個人的自我效能感，不僅能從自己成事的路徑上獲得，還能從別人成事的路徑上獲得。我從《人生效率手冊》的作者張萌身上獲得了自我效能感。張萌現在是6本暢銷書的作者，同時還是極北咖啡的創始人。她從大學時代起就堅持每天05：00起床，利用早起時間讀書、寫作、寫日記自省，每3至5年訓練一項專長，每年堅持演講超過100場。當我在網路上查詢她的履歷時，發現她竟然比我還小4歲，這不禁令我汗顏。

　　當然，你可能會安慰我，這其中一定有運氣的成分。的確，運氣與努力都是不可否認的方面，但運氣比我好的人竟然比我還努力，這就不得不讓人復盤反思了。而且，她還獨創性地把我們每天的時間按照三個面向來劃分，即時間的可控性與非可控性，以及該時間段的品質。如此一來，任何時間都可以歸類在六個時

間分類裡：可控的高質量時間、不可控的高質量時間、可控的中等質量時間、不可控的中等質量時間、可控的低質量時間、不可控的低質量時間。

早起時間顯然是可控的高質量時間。每天早上比一般人更早起床，會多出1至2個小時可控的高質量時間，一年下來就是360至720小時，三年下來就是1000至2000小時。根據一萬小時定律，刻意練習一萬小時，一個人在某方面的技能就能達到世界級水準；即使僅刻意練習一千小時，你在這方面的技能也能超過身邊90%的人。僅僅一年多就能在某個方面超過身邊90%的人，這無疑拓展了一個人生命的寬度。

張萌並非特例，迪士尼前CEO羅伯特・艾格、Twitter前CEO傑克・多西、微軟前副總裁陸奇⋯⋯他們無不是早起負熵做功的實踐者。

為什麼早起比熬夜更有效

時至今日，我在早起實踐中也總結出了一個叫作「人體電池論」的比喻：如果把人體比喻成手機電池，晚上睡覺前，大腦已經活躍（放電）了一天，可能就只剩最後20%的電量了。此時，大腦是很難集中注意力的，人的自控力也會下降，如果強迫自己在這個時候學習、工作，需要投入本來就很稀缺的意志力，而且身體「電量不足」的感覺，會使人不自覺地降低學習和工作

的效率。

更何況長期熬夜等於慢性自殺，這句話並非虛言。熬夜會讓人體將血液輸送給腦部，導致內臟供血不足。長期熬夜會導致內臟缺氧，對身體造成傷害。

我清晰地記得創新工廠的創始人李開復曾在罹患淋巴癌後坦言，他曾喜歡和年輕人比賽熬夜，半夜兩三點回覆郵件，身邊的人稱他是「鐵人」。李開復在《我修的死亡學分》中說：「我的很多『神話』，包括『鐵人』稱號、半夜隨時回覆郵件……其實都是用慘重的代價換來的，可惜我覺悟得太晚。我的癌症跟這有沒有關係？我想很可能是有的。」

早起則完全不一樣。早上起床，你已經類似手機電量100%的滿電狀態，此時人不容易焦慮，而且環境安靜無比，沒有額外干擾，使人很容易集中注意力，更可能進入心流狀態。*

自從刻意養成了早起習慣後，我每天05：00起床後的第一件事，就是根據前一天讀書、學習的內容，寫出至少500字。有時，當我進入心流狀態時，一個清晨的輸出效率可達到1000至2000字。

在我完成了每日任務後，出門坐上地鐵，上海清晨的地鐵上空蕩無人。路上90分鐘的通勤時間，雖然只是可控的中等質量時間，但我也可以舒舒服服地坐在地鐵座位上閱讀電子書，或用

---

* 心流狀態：指人們在極度專注進行某行為時表現出來的心理狀態。

藍牙耳機聽書。到達公司後,去員工健身房踩20至25分鐘橢圓機,再回到座位上做10分鐘冥想,接著就開始安排今天需要完成的,最重要的6件事情。你看,如果你也擁有早起的習慣,是不是也比身邊的人每天都要多出2至3小時的中、高品質可控時間,每天也都能朝你的北極星目標推進那麼一點點。

如何養成早起習慣

第一,針對動機

你可能會說,早起的好處雖然有那麼多,但我每天早上總是睡不醒,爬不起來,這該如何是好?是的,每個人在養成早起習慣的過程中必然會遇到障礙。要擊破這些障礙,首先要理解它的本質。

你在剛開始改變時,無法早起的本質是動機或者能力不足。

讓我們回到人類行為模型的公式B = MAT。表面上,鬧鐘屬於觸發條件,所以無法完成早起行為同時與動機和能力有關。但仔細一想,早起能力不足是由於前一天晚上沒有早睡,而沒有早睡往往不是因為晚上有重要的事情要做,而是因為晚上在玩手機不願睡覺。但如果我們換一個場景,假設你第二天要參加學測,你會晚上玩手機不願睡覺嗎?可見,大多數的早起問題不是能力不足無法解決,而是要構建起強而有力的動機,去蓋過你透

過不睡覺得到的好處，這樣一來，前一天晚上的你就會主動選擇早睡了。

要如何構建起強有力的動機呢？答案是早上起床後進行娛樂活動！

天哪！這樣豈不是顯得不自律？不是的。因為你早起娛樂的目的不是娛樂，而是先養成早睡習慣。請你想像一下，當你想到第二天早起後可以看電影、玩遊戲，還沒有人打擾你，你是否就有更大的動力早睡？更何況早起娛樂還可以避免熬夜娛樂對身體的危害。

透過半年的早起娛樂，把自己的生理時鐘充分地調整過來。在你無須動用意志力就能輕鬆做到05：00起床後，再去讀書、寫作或刻意練習某一項關鍵技能，就會變得水到渠成。

我養成早起習慣的過程分為兩步。

第一步：初期，早上努力爬起來，戴上藍牙耳機，看半部電影後，出門。

第二步：半年後，無痛起床，開始寫作，寫完規定的500字，出門。

如果你擔心早上的鬧鐘會吵醒家人，你也可以和我一樣，使用運動手環的震動鬧鐘功能，把自己從睡夢中喚醒。

第二，針對能力

早起娛樂對有些人來說可能缺乏吸引力，而且人好不容易起

床了，但大腦仍舊昏昏沉沉的，絲毫沒有那種100%電量的充沛感，這又該怎麼辦呢？

這種情況就真的不是動機問題，而是能力問題了。如果你遇到的是這種情況，你就需要循序漸進地調整你的生理時鐘。假設你的日常作息是晚上00：30入睡，早上07：00起床，那麼你可以從下定決心早起的那一天開始，刻意調整入睡時間，每週往前調整5分鐘，即從本週開始00：25入睡，06：55起床；第二週00：20入睡，06：50起床；第三週00：15入睡，06：45起床……以此類推，直到調整到你認為合適的早起時間。

透過16至24週的調整，你就能把自己的作息時間澈底調整過來，從而擁有一個早上無人打擾、高度可控、高品質的時間，並且真正具備早起的能力，並養成早起的習慣。

第三，把早起與個人OKR結合

不過，早起不是最終目的，如何行動才是關鍵。我身邊有很多人覺得我的早起理論很吸引人，也開始嘗試早起。不過，不出一週，他們就會來問我：「何老師，我早上起來後沒有事做，不知道要做什麼，怎麼辦？」

這就和你替自己制定的北極星目標以及個人OKR有關了。比如，對於我來說，我的目標是寫作和運動；對於你來說，目標可能是刻意練習你需要的某項關鍵技能，日拱一卒地持續推進某個專案。還是那句話：這個世界屬於有堅定目標的人，如果一艘

船不知道要去哪裡，那麼任何風對它來說都將是逆風。

　　所以，目標是戰略，選擇路徑是戰役，早起則是打贏一場場戰役的戰術。只有明確好戰略，決定好去打哪場戰役，你的早起才不會白做功，然後在可控的高品質、最有精力的時間去做最重要的事情，你一定會每年做成一件大事。

睡眠策略：
這樣睡覺最有效

養成早起的習慣後，我們每天可控的高品質時間就一定會變多。但在你澈底實現財務獨立之前，職場上的工作仍舊可能把你拖到很晚才入睡。此時，高效率的睡眠就對你的身心健康至關重要。

睡覺對你有多重要

看到這個標題，你可能會覺得很好笑：睡覺不就是一件自然而然的事情嗎？餓了吃，睏了睡，這是生理現象。但越是稀鬆平常的事情，我們就越容易忽略。

加州大學伯克萊分校神經科學與心理學教授馬修・沃克（Matthew Walker）在《為什麼要睡覺？》（*Why We Sleep: The New Science of Sleep and Dreams*）一書中指出：「睡眠的作用和意義，甚至高於飲食和運動。」

如果你家裡有小孩，你會觀察到，孩子剛出生時，幾乎一整天都在睡覺，他們吃了睡、睡了吃。睡覺的過程中，孩子的大腦在慢慢發育。從幼兒成長到青少年的這段時期，一個人在睡眠過程中率先發育完善的，是負責視覺和空間知覺功能的區域，然後

是負責理性思考和批判性決策的前額葉皮層。研究發現，大腦異常導致的疾病，如精神分裂症、憂鬱症、過動症等，都和睡眠問題有很大的關聯。

成年後，大腦的發育也就完成了，此時睡眠能在三件事情上幫助人類。

第一，記憶力。我們睡覺時，大腦中儲存在海馬迴裡有用的短期記憶，將被搬往負責長期記憶區的大腦皮質中。

第二，創造力。睡夢中，大腦會將記憶片段碰撞重組，找到某些關鍵資訊中的共通點，最終顯性為夢境。德國化學家凱庫勒在夢裡發現苯環結構的著名故事，就是其中的典型。所以，如果某件事情遇到瓶頸，不妨睡一覺，第二天起來說不定就會突然想到對策。

第三，情緒力。你也許對一種叫去甲基腎上腺素的東西略有耳聞，它是一種與壓力相關的化學物質，大腦透過產生這種激素集中注意力。不過，它也會有副作用，那就是增加焦慮。研究發現，大腦只有在睡夢中才不會產生去甲基腎上腺素，這能讓我們在睡醒後感到壓力劇減。

所以，如果你無法保證睡眠，記憶力會顯著下降，整個人會變得遲鈍，情緒會趨於糟糕。我就有一段時間由於工作過於繁忙，以至於只能犧牲睡眠時間來工作。結果我最直觀的感受是，做事情開始忘東忘西，對身邊的人開始說重複的話。幸好那段時間無意間讀了《為什麼要睡覺？》這本書，讓我意識到這些感受

主要和睡眠不足有關，然後及時做出了調整，才感覺自己原本的
狀態又回來了。

90分鐘睡眠週期

　　自從有了這段經歷，我開始刻意研究與睡眠有關的知識，有
策略地讓自己睡得更好。我希望把這些重要的內容分享給你。

　　英國著名實驗心理學家李察·韋斯曼（Richard Wiseman）在
《睡眠學校》（*Night School: Wake up to the Power of Sleep*）一書裡
講述了90分鐘睡眠週期。

　　什麼是90分鐘睡眠週期呢？

　　這個發現起源於1951年芝加哥大學的阿瑟林斯基，對於人
在睡覺時會間歇性出現眼球快速移動的研究。出現眼球快速移動
時，大腦神經元十分活躍，如果人在這個期間醒來，會清晰地記
得正在經歷的夢境。阿瑟林斯基把該期間定義為快速動眼期。

　　進一步研究發現，人的睡眠過程會以快速動眼期為關鍵節
點，分為四個階段。

　　第一階段：瞌睡期，持續約5分鐘。這是我們在床上感覺
昏昏欲睡、眼皮下沉的時期。此時，你的呼吸會自然而然地放
緩，意識也在半夢半醒之間。清醒時期大腦每秒會產生12至30
個波形（β波，即頻率為12~30Hz的腦電波節律），而此時就只
產生4至7個波形（θ波，頻率為4~7Hz的腦電波節律）。此階段

約70%的人曾經有過跌落感和腳抽搐的感覺，這不是老人家說的「你在長高」，而是你的肌肉處於放鬆狀態。進化心理學家推測，這是大腦防止人類因在樹上睡覺導致跌落，而產生的保護機制。

第二階段：淺睡期，持續約20分鐘。此時，人的體溫下降，心率變慢，身體肌肉會進一步放鬆，有些人會由於喉嚨裡的肌肉放鬆後下垂而開始打呼。如果你在睡眠過程中佩戴智慧手環，那麼睡眠進度條上的淺睡眠，基本上都會包含前兩個階段。

第三階段：深睡期，持續約30分鐘（也有人把第三階段分為熟睡期＋深睡期）。在這個階段，大腦活躍度降到了最低，大腦每秒只產生1至3個波形（δ波，即頻率在4Hz以下的腦電波節律）。此時，你會睡得非常沉，外界的聲音很難把你喚醒。不過，一旦真被喚醒了，醒來後會覺得非常疲勞，這可能和這一時期身體正在分泌激素和修復受損組織有關。

睡眠科學家把前三個階段歸類為非快速動眼期（NREM，Non-rapid Eye Movement），這是因為在此期間沒有出現做夢時期的快速眼球運動現象。

第四階段：快速動眼期（REM，Rapid Eye Movement），持續約30至35分鐘。在這個階段，心率開始上升，呼吸也變得急促，最直觀的表現是眼球開始左右快速移動。如果此時醒來，你能非常清晰地記得你的夢境，而且由於快速動眼期的大腦活躍程度與清醒時幾乎沒有差別，所以該階段往往能強化記憶，幫助我

們從全新的角度來看問題，從而提升創造力。

　　以上四個階段就是一個完整的90分鐘睡眠週期。整晚的睡眠也是以多個這樣的90分鐘睡眠週期迴圈往復。有了這樣的認知基礎，接下來我們就具體說說怎麼利用90分鐘睡眠週期來提升我們的睡眠效率。

R90睡眠法

　　英超曼聯足球隊的運動睡眠教練尼克・力特赫斯（Nick Littlehales）在其著作《世界第一的R90高效睡眠法》（*Sleep: The Myth of 8 Hours, the Power of Naps and the New Plan to Recharge Your Body and Mind*）中圍繞90分鐘睡眠週期的理論，獨創了R90睡眠法。R90的含義是，以90分鐘為一個週期單位計劃和執行我們的睡眠。具體分三步：

　　第一步，找到基準線。尼克教練結合自己超過30年從事睡眠科學的研究發現，市面上流行的「8小時睡眠最健康」的說法並不科學，因為每個人的情況不一樣，不能一概而論。比如素有「鐵娘子」之稱的英國前首相柴契爾夫人每晚只需要4至6小時的睡眠，依然精力旺盛，活到了87歲高齡；而另一些人，如網球明星費德勒，每天睡10小時恐怕都還不夠。

　　所以每個人都要找到自己的基準線，我們可以先從計劃睡4個或5個90分鐘睡眠週期（即睡6小時或7.5小時）開始。比如

我透過一段時間的自我觀察，發現自己每天睡4個90分鐘睡眠週期就能保持相對旺盛的精力，也不會覺得疲勞，所以我的基準線大致就是4個90分鐘睡眠週期，即6小時。

你也可以根據自己的情況規劃，4個、5個或6個90分鐘睡眠週期都有可能。不過，哪怕你需要6個週期，這也一點都不丟臉。因為就像本章導言所說的，身體是1、是基石，其他東西都是基石後面的0，只有保證了身體這個基石，你才有資本去做其他事情。

第二步，規劃入睡——起床時間。由於我每天早上05：00準時起床寫作，所以倒推6小時，23：00是我的入睡時間。在這之前，我會看一會書，這樣一來，沒過多久便會感到睡意襲來，很自然地就進入了瞌睡期，接下來幾分鐘內就會入眠。

第三步，調整入睡——起床時間。有時，由於工作或者出差，我無法在23：00前入睡，怎麼辦？沒關係，臨時調整一下入睡——起床時間即可。比如我加班後回到家已經是半夜00：00了，洗漱完畢後時間已經接近00：30了。此時，我會立刻關閉智慧型手環上05：00的鬧鐘，打開06：30的鬧鐘，這樣也可以睡夠4個90分鐘睡眠週期。不過在這種情況下，我不得不取消第二天早上的寫作。

小憩策略

　　日本神經科名醫、時間管理教練樺澤紫苑在《最強腦科學時間術》（脳のパフォーマンスを最大まで引き出す神・時間術）一書中指出：「中午如果能進行25分鐘的小憩，下午的工作效率可以提高34%，專注力也能提高54%。」這可是真正的事半功倍。結合前面講過的睡眠四個階段的說法，他其實是讓我們別在午間小憩時進入醒來會感覺異常疲勞的深睡期。

　　樺澤紫苑老師建議我們在小憩之前先喝一杯咖啡，因為通常咖啡在喝下去30分鐘後才會起到效果，而在效果發揮前，如果能進入淺睡眠的小憩狀態，就能有效地讓疲倦的身體和昏沉的大腦得到休息。

　　我在公司時，通常會在12：30喝下一杯咖啡，然後戴上藍牙耳機，播放白噪音，再戴上一副眼罩，澈底隔絕自己的視覺和聽覺，進入小憩狀態。當然，有時未必會真的睡著，但聽著白噪音，在午間享受片刻的安寧，對下午的工作狀態的確會很有幫助。

　　最後，你可能已經看出來了，我的睡眠策略幾乎都是透過閱讀或聽書學會的。這其實都是我們透過外部能量在個人內在系統裡實踐做功、實現負熵的有效方法，循著前輩的經驗過「睡眠之河」，的確會比我們自己摸索要快很多。

冥想策略： 獲得四類冥想收益

　　冥想是一種能有效降低疲勞的方式。

　　2016年，我讀了中國投資專家李笑來的專欄《通往財富自由之路》，這是我第一次接觸冥想。自此之後，我在實踐中逐漸認知和體會到冥想給身心帶來的好處。

你為什麼要冥想

　　如果你首次接觸冥想的概念，會覺得它很有宗教感，你會隱隱感覺冥想和打坐、瑜伽有些關係，似乎離自己很遠。不過，隨著行動網路的發展，冥想已經去宗教化，並且早已進入中國的企業界。

　　尤其是在2020年後，我身邊有越來越多的人開始下載冥想類App，每天中午或者晚上進行冥想練習。

　　冥想練習到底能給我們帶來什麼好處呢？

　　第一，提升反應力，變聰明。健康心理學家凱莉・麥高尼格（Kelly McGonigal）博士在著名的《輕鬆駕馭意志力》（*The Willpower Instinct: How Self-Control Works, Why It Matters, and What You Can Do to Get More of It*）一書裡指出：「根據神經學家

的研究，如果你經常冥想，你的大腦灰質就會增多。大腦灰質是神經元細胞體密集的部位，是人腦處理信息的中心，能對外界的各種刺激做出反應。大腦灰質就好比是電腦的CPU晶元，是大腦非常關鍵的部件。如果你有冥想的習慣，你的大腦灰質就會比普通人更多，相當於你在不斷升級你的『大腦晶圓』，令你在工作中更有可能出類拔萃。」

第二，提升專注力，變高效。在《認知覺醒》中，有一個說法很有意思：普通人短期內最多只能記住大約7件事情。我們可以想像大腦中存在7個小球，代表我們的大腦資源。冥想時，7個小球中的某幾個會出現走神的情況，比如想到等下要去做某件事情，想到今天的外送還沒點。這時，透過主動干預，把走神的小球拉回來，使注意力聚焦回呼吸上，這就是鍛練專注力的過程。當你能把專注變成下意識的行為時，你的專注力自然比普通人更強，做事情也自然更高效。

第三，減輕壓力，提升生活與工作品質。在比爾‧蓋茲的冥想入門書、正念冥想專家安迪‧帕蒂康（Andy Puddicombe）所著的《Headspace冥想正念手冊》（*The Headspace Guide to Meditation and Mindfulness*）中，有一個阻止憂鬱症患者症狀復發的隨機對照實驗。研究者在追蹤對照組和實驗組的對比中發現，在只有半年的時間裡，75%的冥想練習者都可以停止藥物治療，且這些人與僅接受藥物治療的人相比，生活品質的提升感更高。

在減壓這件事情上，冥想於我而言堪稱功效卓著。每當我在工作中遇到問題、感到焦慮，無法進入專注狀態或進行深度思考時，我會選擇戴上藍牙耳機，播放417Hz的音訊，進行時長約5分鐘的減壓冥想，這能讓我快速恢復專注力。因此，我經常戲稱其為「充電5分鐘，工作2小時」。

第四，治癒失眠，幫助入睡。根據2009年史丹佛大學的研究，發現6週的冥想課程能有效幫助人們加速入睡過程，平均可以從原本的30分鐘降低至15分鐘。我平時經常會去各地出差，如果工作到很晚，大腦就會異常興奮，即使躺下也會輾轉難寐，腦海裡都是工作中的細節。這時，我會立刻行動起來，開始用冥想的方法助眠。

第二天上午10：00，當其他同事頂著一副沒睡醒的黑眼圈前來開會時，我已早起讀書、寫作、工作4至5個小時了。

正念冥想

根據美國喬治城大學醫學院精神病學臨床教授諾曼·羅森塔（Norman E. Rosenthal）的著作《超級心智》（*Super Mind*）中的分類法，冥想可以分為兩類：正念冥想和超越冥想。

超越冥想顯然是更高階的冥想方法，這裡不作討論，感興趣的朋友可以去看羅森塔教授的這本書。初學者更容易掌握的冥想方法是正念冥想。正念冥想通常可以分別透過專注呼吸、聆聽聲

音和仔細感受的方式實現。

第一種：專注呼吸

專注呼吸是最容易的正念冥想法，只需一張椅子就能開始練習。端坐後，把雙手放在大腿上，閉上眼睛，把注意力放在自己的呼吸上。

此時，無數念頭會向你的腦海裡奔湧而來，比如晚飯吃什麼，昨天的電影真好看等。這是正常情況，當你發現自己心智游移時，重新把注意力放回呼吸上就可以了。

在我看來，「正念冥想」這個詞翻譯得很好，因為正念的正不僅是名詞，而且是動詞。把你游移的心智念頭重新矯正回來，每次矯正的過程都相當於鍛煉了一次專注力。

第二種：聆聽聲音

可以睜著眼睛，也可以閉上，去聆聽一切你可以聽到的聲音，比如電風扇的聲音、外面的雨聲、馬路上的鳴笛聲、周圍人的低語聲。如果是一片寂靜，那就去聆聽沉寂的聲音。

同樣，在此過程中必然會發生心智游移，每次發生游移，你都要有意識地把注意力拉回來。聆聽聲音的正念冥想練習得多了，你的聽覺也會變得靈敏，能聽到那些總是被行色匆匆的人們忽略的聲音。

第三種：仔細感受

如果你站著或坐著，好好體會自己的腳底和鞋面接觸的感受；如果你舉著手機，仔細體會手指緊握手機的壓迫感。當心智發生游移時，把注意力重新拉回你剛才體會的內容上。

我們之所以把正念冥想練習稱為一種練習，是因為你不是僅知道它就能發揮出它的效果。它就和減肥一樣，光知道「管住嘴，邁開腿」的六字真言是無法減掉脂肪的。

所以一開始你可以只練習1分鐘，當你逐漸養成每天正念冥想的習慣後，慢慢地延長時間至20分鐘。當你能把正念冥想變成一種習慣，變成像晚上睡前要刷牙一樣自然的行為時，你就能獲得大腦灰質增加、反應力和專注力提升、壓力減輕的好處。

第五章

溝通負熵：讓溝通成本降到最低

認知、情緒、財富、身體，這些都是我們與自己的關係。溝通負熵則是要解決我們與別人的關係問題。為了能實現社交自由，讓自己在處理與別人的關係中游刃有餘，我們還需要實踐溝通負熵，把溝通的摩擦成本降到最低，從而盡可能去實現雙方的共贏。

識人式溝通：
事半功倍的溝通秘密

在與別人溝通的過程中，每個人都會表現出不同的行為特徵。如果你能準確地掌握對方的主要特點，並且根據對方的性格特點調整溝通的策略，那麼溝通效率將大大增加。

四類行為人格

人類行為研究學者、美國心理學家威廉・莫爾頓・馬斯頓（William Moulton Marston）博士在1928年所著的《常人之情緒》（*Emotions of Normal People*）中，把人的性格大致分為D、I、S、C四種。這四種人格擁有不同的行為特徵。

第一種：D型（Dominance），支配型（老虎型）。支配型的人真的像老虎一樣，天生愛冒險，喜歡做激進的事。我在剛工作時是典型的支配型人格，爭強好勝，喜歡處處佔上風。這有一定的好處，因為這類型人格的人不輕易放棄，擁有不願服輸的鬥志。

但支配型人格同時也有很大的劣勢，他們不喜歡別人直接提出反對意見。所以如果要和支配型的人溝通，你就一定要準備好委婉迂迴的溝通方式——比如只是客觀地把事實陳述給對方，讓

支配型人自己得出結論。

第二種：I型（Influence），影響型（孔雀型）。影響型的人猶如一隻開屏的孔雀，他們喜歡成為萬眾矚目的焦點。這類人最大的特徵是有無窮的表達慾，他們喜歡在別人面前滔滔不絕，做任何事情都很有熱情。

不過影響型的人做事情相對來說會比較粗線條，思維跳躍起來很快。你在和影響型的人溝通時，讚美，尤其是由衷的讚美是必需品，但這不意味著你要不動腦子地拍馬屁，而是用認真傾聽、時不時點頭微笑、記下對方說的內容、從對方的語言中找到支持你觀點或方案的論據等一系列真誠的行為，來表示自己的認可。如此一來，對方會覺得自己有很大的參與感，這更有利於你們溝通後達成一致。

第三種：S型（Steadiness），穩健型（樹獺型）。穩健型的人通常都很有耐心，他們在職場中是可靠的好員工，在家庭裡是性格溫和的另一半。穩健型的人不喜歡變化，他們更信賴和喜歡可預測、可掌控的人和事。因此他們很不喜歡衝突，從而做起決策來也會略顯猶豫不決。

如果你溝通的對象屬於穩健型，那麼整體溝通通常需要由你主導，幫助和引導對方做出決定。

第四種：C型（Compliance），謹慎型（貓頭鷹型）。謹慎型的人猶如一隻小心翼翼的貓頭鷹，他們是典型的風險厭惡者。要與謹慎型的人溝通本身是一件很難的事情，因為他們自身擁有

非常嚴謹的分析能力，很容易就從你的表述中找出漏洞。而且他們一旦發現漏洞，就會產生極大的不信任感，以至於讓你的溝通失敗。

所以和面對影響型的人不同，當你面對謹慎型的人時，浮誇且表面的讚美只會讓對方更警惕你的目的，你只有拿出數據、事實以及嚴密的邏輯推演，才能獲得謹慎型的人的認可。

當然，每個人都是複雜的，不可能只是單一類型的個體，通常都會有多種面向並存的表現，比如有些人可能是大老虎——小孔雀型，有些人則是大貓頭鷹——小樹獺型，這些組合也都是很正常的。而且隨著一個人社會閱歷越來越豐富，每隔幾年，人的行為風格也會發生變化。所以只有識別對方目前狀態的主要類型，你才能更有效地與對方溝通互動。

四個類型幫你準確識人

上面講到的四種行為人格，作為一個入門工具能幫助你識別對方外在的行為風格，非常適合初段溝通者。如果你想要進一步在識人方面有更深層次的研究，尤其你想在職場上用識人的方法和自己的主管有更好的溝通，你就避不開著名的MBTI（Mgers-Briggs Type Indicator）理論。

MBTI理論是由美國作家伊莎貝爾·邁爾斯和她的媽媽凱薩琳·布理格斯根據瑞士心理學家卡爾·榮格的心理學理論基礎，

共同制定出的一套人格類型指標理論。

　　MBTI 理論一共有四個類型，它們分別是：外向型（Extroversion）和內向型（Introversion）；實感型（Sensing）和直覺型（Intuition）；理性型（Thinking）和感性型（Feeling）；判斷型（Judging）和感知型（Perceiving）。

　　為了便於你理解，接下來我會用與主管溝通的場景，為你描述不同類型的應對策略。

第一種：外向型（E）和內向型（I）主管

　　外向型的主管善於且熱衷於表達，他們有強烈的說話動機，會從與別人說話的過程中獲得能量。假如你也有類似「好為人師」的特點，和外向型主管相處起來，就一定要收斂自己，因為外向型的主管喜歡別人去請教他，讓他成為整體的焦點。多請示、多彙報的行動會讓外向型主管非常喜歡。

　　當然，這裡我也不是說你要去拍外向型主管的馬屁，而是與外向型主管真正結為傳授方法的師徒，這將成為你在職場發展的有效生存策略。

　　而內向型主管大多習慣從獨處中獲得能量，他們不是不愛說話，而是覺得說話這件事情並非絕對必要。因此，假如你和這種類型的主管單獨處於同一空間卻沒有一個人開口說話，你也不用覺得有什麼問題。這並不是那種「你不尷尬，尷尬的就是主管」的情況，而是與雙方一起沉默相比，硬拉話題尬聊會讓主管覺得

更難以接受。

尤其值得注意的是，內向型主管通常有很強的邊界感，如果關係不是太熟悉，建議不要聊太過私人的事情，否則敏感的內向型主管會覺得被你冒犯了。

第二種：實感型（S）和直覺型（N）主管

實感型主管喜歡抓細節。他們通常對細節非常敏感，郵件中哪怕有一個錯別字、字體不對或者字型大小沒有用10級等都會被這類主管發現，他們非常認真。

這類主管的座右銘通常是：「細節決定成敗，謀定而後動。」他們喜歡把每件事情都想清楚再做，所以必然會要求周圍的人也不放過、不迴避每個問題的可疑之處。尤其在聽工作彙報時，就算他不懂實際的專業內容，也可以透過縝密的邏輯思維找到你的漏洞。比如，你的觀點是否有足夠有力的證據或數據支撐；你對一個挑戰是僅僅解釋它的難度，還是在思考怎麼辦。

總之，對於愛抓細節的實感型主管，你在和他彙報前，一定要準備得很充分，甚至比他想得更深入。只有如此，他才能對你放心、有信心。

相反的，直覺型主管喜歡抓重點。這類主管崇尚帕雷托法則（80／20法則）。在他們眼中，20%的關鍵會影響80%的結果。

通常在這類上司口中會出現的金句是：「選擇大於努力」，或「不要用戰術上的勤奮，掩蓋戰略上的懶惰」。這些喜歡抓重

點的主管還喜歡各種思考模型：諸如5W1H*、5W1Y†分析法等模組化的思考方式，都是直覺型主管的思考偏好。

如果你想和這類喜歡抓重點的「思考模型愛好者主管」相處好，一個值得參考的做法是多去研讀主管桌上最近在讀的專業書籍，和他在溝通時產生同頻共振。你如果能及時與主管認知同步，那你在日常交流的過程中就有足夠的認知基礎能和主管產生連結。如此一來，你和主管就不僅是事業上的夥伴，甚至還是惺惺相惜的朋友，這種氛圍能幫助你們一起以理論主導實踐，讓你更可能成為主管的得力助手。

第三種：思考型（T）和情感型（F）領導

思考型主管通常有些不講情面。比如賈伯斯，他被員工稱為「史上第一毒舌CEO」。甚至有一次比爾・蓋茲為他演示Windows 1.0（視窗軟體的測試版），賈伯斯都完全不給蓋茲面子，直言他的不滿和嫌棄。面對這樣的主管，一就是一，二就是二，他們不會因為犯錯的部下和他關係的遠近，而給出不同的處理意見。

---

* 5W1H：以六個層面著手分析的思考方法。什麼事（What）？在哪裡（Where）？什麼時候（When）？責任人是誰（Who）？原因是什麼（Why）？方式如何（How）？

† 5W1Y：針對一個問題連續以5個為什麼（Why）進行追問分析，究其根本原因。

　　所以，如果你對這類主管的秉性有充分的理解，你就可以根據主管更看重事情的偏好，重點從事情邏輯與客觀對錯出發，理性且公允地給出你的建議。

　　而情感型主管更看重人的情感。這些主管的表現往往與思考型主管相反，他們的管理哲學會把人分為「自己人」和「其他人」。

　　雖然這些主管可能會把「公平最重要」掛在嘴邊，但在面對關鍵決策、重大獎罰時，你如果真的奉行了對事不對人的原則，主管嘴上未必會說些什麼，但今後會改變對你的看法。所以針對看重人的主管，在這一點上不得不小心謹慎。有一句話說得好：「你不能看一個人說了什麼，而要看他做了什麼。」

第四種：判斷型（J）和感知型（P）主管

　　判斷型主管往往是做事情很有規劃的人。他們每天都會替自己寫to do list，提早寫好每週週報。開會時，判斷型主管總會提前抵達會議室，用盡可能充足的準備應對一切變化。

　　面對判斷型主管，建議你也把自己塑造成一個「凡事有準備，處處有迴音，事事有交代」的下屬。如果你在和判斷型主管溝通時，每件事情都有PDCA（Plan／計劃、Do／執行、Check／檢查、Action／行動），你就會很容易受到主管的賞識。

　　感知型主管則有很鮮明的個性。他們更喜歡放飛自我，朝令夕改，開會遲到。我曾經有幸遇到過一位感知型主管，他在週一

開週會時決定本週就搭飛機去「大西北」員工旅遊，真是一場說走就走的旅行。

　　我作為一個擁有判斷型人格的人，和這種與我截然不同的感知型主管的溝通互動，讓我確立了自己想要的工作方式，也幫助我在離開之前的工作後，儘快確定了適合自己的工作方向，更加堅定了自己實踐財富負熵的想法。

　　正所謂失之桑榆，收之東隅。面對和我思考方式完全不同的感知型主管，溝通和共事上確實困難重重，但我也從中學會了，從不確定性之中看見事物發展良好的一面。

談判式溝通：
3個方法幫助你快速達成溝通目標

很多人覺得溝通就是溝通，談判就是談判，談判離自己似乎很遠，是在許多正式場合才用得上的技能。不過事實上，在職場環境裡，我們需要說服別人認同自己的方案；在家庭中，我們需要協調家庭成員之間的認知從而達成共識；又或者在公共場所，我們可能需要獲得他人的幫助。如果你能夠獲得談判式溝通的技能，那麼在很多問題上，你都能更加輕鬆地達到自己的目的。

一次「無聲」的談判

在華頓商學院教授史都華·戴蒙（Stuart Diamond）的著作《華頓商學院最受歡迎的談判課》（*Getting More: How to Negotiate to Achieve Your Goals in the Real World*）裡記載著這樣一個案例。

戴蒙博士的一位女學生在與男友搭乘超長途國際航班時，由於前一航班延誤，以至於兩人抵達下一班機的登機口時，該飛機已經關閉艙門了，地勤人員對兩人表示了遺憾。一般人遇到這種情況，可能要嘛選擇放棄繼而改簽，要嘛會與地勤人員據理力爭，陷入情緒衝突。但這位女同學可是在

戴蒙博士的談判課修過學分的,她立刻做出了讓人吃驚的舉動。只見她一把拉著男友衝到落地窗前,雙手呈「大」字形張開,同時還用眼神直勾勾地盯著不遠處飛機駕駛員的地方。

這不到十幾秒的舉動立刻起了作用,沒多久,登機口的電話響了起來,地勤微笑著轉達了來自機長的善意:希望他倆抓緊時間,趕緊登機。

你看,懂得談判式溝通的人沒說一句話,僅僅透過肢體語言就完成了一次「無聲」的談判,順利達成目標,省下了改簽的時間並節省了可能產生的費用。這背後到底是什麼力量呢?

這位女同學總共運用了3個技巧:目標至上、確定關鍵決策人、承認對方的地位和權力。

目標至上是一種談判心法,它讓你清晰地知道在這次談判中自己的目的是什麼。有些強勢的人如果去和地勤人員爭論對錯,顯然無法達成自己想要的目標。確定關鍵決策人則相當於把鑰匙插進正確的鑰匙孔,在上述案例中,有決策權的人是機長,而地勤沒有。承認對方的地位和權力則是一種姿態,女同學透過肢體語言和眼神傳遞此資訊,有利於引導對方在幫與不幫中選擇幫你,用對方的正常職權達成你想要的目的。

所以你看,如果你能掌握一些談判技巧和方法,是不是也能很快達成你的溝通目標呢?接下來,我詳細為你介紹3個來自史

都華‧戴蒙教授的常用方法——不等價交換、利用準則和情感補償，來為你的談判式溝通加點助力。

方法一：不等價交換

假設你們家有老人需要照顧，但想要找到一個稱心如意的時薪制阿姨又十分不易。在換了多個阿姨後，好不容易出現了一個「完美阿姨」，但沒過多久阿姨和你說，另一個家庭邀請她做全職服務。

現在你面臨著兩個選擇：要麼大幅漲薪，用高薪綁住她；要麼重新花時間找一個「完美阿姨」。

你會怎麼做呢？帶著這份思考，我們來講不等價交換的談判公式，讓我們從一個經典案例入手。

兩個小孩爭吵著分3個橘子。大一點的小孩說：「我拿兩個小的，你拿一個大的。」小一點的孩子表示極力反對，兩個小孩嘰嘰喳喳吵個不停。

你可能立刻會說，這還不簡單嗎？把橘子肉都剝出來，然後請其中一個小孩平均分成兩份，接著讓另一個小孩先來選，不就解決了嗎？這的確是科學分配的模型，但未必是最佳解。

之後，小孩的家長過來問：「你們為什麼吵架？」大一點的小孩說：「我要橘子肉榨果汁。」小一點的小孩講：「我要用橘子皮做實驗。」

問清楚意圖後，事情完美解決，一個小孩拿走了所有的果肉，另一個則獲得了全部的橘子皮。

很多時候當溝通陷入僵局時，我們可能並不知道每個人真正在意的是什麼，這就給不等價交換帶來了更多的可能性。不等價交換意味著我可以拿出在我看來相對唾手可得但你得不到的資源，來交換對我來說很重要但你不那麼需要的資源，從而實現雙贏的局面。

要有效實施不等價交換，通常有3個簡單步驟：第一，弄清楚對方真正在意什麼；第二，確認對方的需求；第三，用對方在意而自己比較容易獲得的資源去做交換。

回到時薪阿姨的案例。在我的建議下，這家人和阿姨進行了一次開誠布公的談判式溝通，終於瞭解到阿姨近期有親人得了重病要做手術，但她初到上海，不知道如何才能找到好醫生，於是想多賺點錢，去各大醫院尋找相關專家。

而這家人恰好認識相關名醫，所以透過不等價交換的談判方法，一件讓家裡人感覺棘手的事情就這樣得到了妥善解決。

方法二：利用準則

利用準則是一個專門用來擺正他人態度的談判式溝通方法。

我曾在一家創立時間長達20多年的企業工作，這樣的企業通常存在比較複雜的人事關係。有一次，我的一位年輕下屬需要

辦理「公積金證明」（編按：中國類似提撥退休金的制度，符合特定條件時可提前提撥），但她不敢一個人去人事部，想讓我陪同，因為人事部有一位負責薪酬福利的「資深員工」對待職級較低的同事特別兇。

那時我剛入職不久，這位「資深員工」並不認識我，他看我長得像新人，也讓我領教了一回強勢的官僚態度。見到這個場景，在我身邊的下屬更是嚇得一句話都不敢說了。

於是我就想起了利用準則這個談判式溝通方法。我笑著對他說：「上週剛剛發了公告郵件，頒布了後勤部門的服務品質公告。如果你們人事部主管就站在這裡，你還會用這樣的態度和我們說話嗎？」

說完，我繼續保持微笑，靜靜地看著他。這位「資深員工」欲言又止，接著按照我們的期待，在電腦上有效率地完成了業務流程。

出差時，我也遇到過類似的情況。

由於工作時程緊急，我在飯店裡趕專案。為了節省時間，我就點了一份可以開發票的外送代替外出用餐。餐點由飯店的機器人送達，這讓我感慨現代生活的便利。

但重點是，我拆開餐點包裝後，一不見開發票的 QR Code，二找不到紙本發票。用完餐、寫完專案後，我開始在外送 App 上和店家溝通。店家表示，你可以明天再點一份，我一起把發票送來。這句話把我逗樂了，我說：「你們作為一家全國連鎖店，顧

客要連吃兩次你們家的餐點才能給發票，這是你們的準則嗎？」

　　我看到對方「正在輸入……」，過一下子又沒有顯示了，於是又補了一句「溫柔的威脅」：「畢竟，如果我獲得不了發票，你們店就會拿到一個投訴，這是我們雙方都不想看到的。」

　　沒過多久，店家就讓外送人員把發票送到了飯店。我打電話請櫃臺安排機器人把發票送到了房間，又享受了一回現代科技帶給人們的便利。

方法三：情感補償

　　情感補償這個方法更適合在家庭場景使用。

　　一天晚上，我正在書房裡修改稿件，突然聽到兒子大哭。我上樓查看，只見妻子一邊大聲斥責兒子，一邊還用食指戳了好幾下作業簿：「你到底在學些什麼？這麼簡單的乘法你怎麼就不會！」說完她把旁邊的一本書往兒子頭上一扔。

　　兒子用手擋了一下但沒擋住，腦袋被書砸中後立刻做出了過激反應，哭聲從小聲的「嗚嗚嗚」變成了大聲的「啊啊啊」。

　　我慢慢走到兩人旁邊，同時在妻子和兒子的上臂揉了揉，沒說話，先看一眼他們在討論哪道題目。兒子的哭聲稍微小一點後，我說：「阿寶，你做不出這道題目，自己也很著急，對不對？」

　　兒子哭得上氣不接下氣，說不出話就點了點頭。我繼續說：

「你看，你做這道題目的時候，沒有把88×5先拆成11×8×5，所以就不太容易理解了。」

兒子看了看題目，稍微停止了哭泣，然後小手默默拿起了橡皮擦，擦掉了原來的答案，接著在本子上刷刷刷重新開始解題。我看他的思路對了，看來真的理解了，一場家庭情緒衝突終於隨之解除。

情緒對任何一場溝通都會產生影響，在家庭場景尤其重要。如果我衝上樓看到母子二人在爭吵，直接簡單粗暴地介入，在妻子情緒極為激動的情況下去阻止「妻子打孩子」，很有可能會被扣上一個「詐屍型教育」的帽子（平時少管教孩子，時不時來參與一下），接著很高機率會跟著兒子一起被教訓。這樣一來，親子關係衝突就可能升級成親密關係衝突。

所以在踏入家庭談判場之前，必須遵循目標至上的談判原則。

面對上面的場景，在迅速整理思路後，我期望能達成兩個效果：讓兩人情緒先平緩下來，停止打鬥和哭泣；讓兒子理解自己在習題上的問題，求出正解。

另外，你可能會好奇，我為什麼要揉一揉兩人的上臂呢？因為復旦大學鞠強教授的心理學研究發現，家庭關係中，裸露皮膚的接觸有利於舒緩家人的情緒，是一種非語言訊息的情緒安撫。所以，當我做出該動作後，兩人的情緒就彷彿在燒開的熱水裡倒入一碗冷水一樣冷靜了下來。之後我詢問兒子「自己也很著急，

對不對」則是一種「先獲我心式」的同理心表達，讓兒子感覺爸爸懂他。最後兒子情緒穩定後，再去解數學題目就會變得更容易，同時，在我順利讓兒子理解了習題後，妻子的情緒也就澈底平復下來了。

上面這個從非語言資訊傳遞到同理心共情再到解決具體問題的過程，就是談判式溝通中的情感補償方法。其中的關鍵步驟分為三步：第一步，識別家庭成員的情緒狀態；第二步，迅速以語言或非語言行動舒緩對方情緒；第三步，處理具體問題。

在類似的關鍵溝通時刻逐步操作，你就有更高機率把當事人從情緒劫持中喚醒，進而實現你談判式溝通的目標。

結構化溝通： 讓你的溝通更有力量

電影《教父》裡有一句經典臺詞：「一秒鐘看透事物本質的人，和一輩子都看不清本質的人，註定過的是不同的人生。」如果要把這句臺詞套用在溝通上，則是：「一分鐘能把話說清楚的人，和一刻鐘都表達不清楚意思的人，註定過的也是不同的人生。」

那怎樣才能在很短的時間裡把話說清楚呢？答案是結構化溝通。結構化溝通是一種按照固定方式呈現溝通內容的方法，其中最重要的部分就是結構。一旦領會了結構的力量，你也能直接套用，這會讓你在很短的時間裡和別人完成有效溝通。下面，我就和你分享三種常見且有效的結構化溝通模型。

模型一：SCQA

來自《金字塔原理》（*The Minto Pyramid Principle*）的SCQA模型適合彙報場景。其中，S、C、Q、A這四個字母分別代表：

S（Situation），指背景，即目前的現狀，這部分的現狀是溝通方也知道的。

C（Complication），指衝突，也就是在這樣的現狀下，你們遇到了什麼問題。

Q（Question），指問題，從對方的角度，關心這個問題到底是什麼。

A（Answer），指答案，即面對這類問題，目前的解決方案是什麼。

在具體運用中，SCQA模型通常有3種不同的搭配方法。

搭配1：ASCA，答案——背景——衝突——答案

比如你在公司開週會，主管要求你彙報一下最新進展。一般人可能會以時間順序報告流水帳，這會讓本來就沒什麼耐心的主管忍不住打斷你，讓你挑重點說。你一肚子委屈，因為不交代前因後果，你怎麼把重點表述清楚呢？

其實，你可以使用ASCA的搭配方法，並進行這樣的表達：「主管，今天需要向您報告的是，關於與客服部門聯動邀約客戶的提議（A）。到目前為止，時間過半，但完成進度只有35%（S）。主要原因是這一季我們部門的任務增加了，現在雖然有職位空缺，但一直沒有合適的新同事入職，所以無法支援進一步擴大使用者觸及和邀約（C）。上週我和客服部門主管進行了初步溝通，只要能給予一定的獎金激勵，客服部門就能安排兩位夥伴參與電話邀約，我們現有的同事也有更多時間去做後面的承接工

作（A）。」

由於你一開始就提前表達最重要的部分，所以主管就會有耐心聽你後面的結構化內容。

搭配2：CQSA，衝突——問題——背景——答案

CQSA搭配在說服式的溝通框架裡非常有用。比如你和媽媽說：「體檢報告出來了，您已經是中度脂肪肝了（C），這主要和您平時吃得太油膩、活動太少有關係（Q），中度脂肪肝再發展下去會演變成肝硬化（S），所以從明天開始，我陪您每天運動至少20分鐘，運動鞋都幫您買好了（A）。」

因為人腦對衝突十分敏感，所以先講衝突可以有效地集中對方的注意力，讓對方想要進一步了解問題和背景，從而更容易接受你最終給出的答案。

搭配3：QSCA，問題——背景——衝突——答案

在需要和對方進行深度溝通的場景中，QSCA是很有用的結構。比如你可以和對方說：「你知道我今天下午為什麼要在會議上阻止你去做A專案嗎（Q）？因為A專案是典型的國營事業專案，在客戶端需要進行層層審核（S），不僅需要消耗大量的時間，短期內也看不到收益（C）。所以，與其把精力花在A專案上，不如去做很快就能見到結果的B專案（A）。」

以問題切入，去引發對方的思考，然後交代對方並不清楚的

背景，把衝突顯性化，最後再給出答案，自然更容易讓人接受。

模型二：STAR

我的老師劉遠我在其著作《人才測評》中的STAR模型，是一個適合應聘面試、晉陞述職的結構化溝通工具。

其中，ST、A、R分別代表：

ST（Situation Task），在某個場景下你要完成的任務。
A（Action），你當時的行動是什麼。
R（Result），你在這個任務中取得了什麼樣的結果。

這個模型非常有利於面試官或評審官迅速對你做出正面評估。

比如我從傳統製造業轉行到網路業時，面試副總裁問我：「你是一個能在壓力下拿到結果的人嗎？」你可以試想一下，假如你被面試官問到這個問題，你會怎麼回答呢？

如果我當時僅僅回答「我當然是一個能在壓力下拿到結果的人」，根本無法獲得這位副總裁的信服。因為這樣回答只是一個毫無力量的普通觀點陳述。於是，我就立刻使用了一個符合STAR模型的案例，來佐證自己的觀點。

「我所在的工廠每年總會發生許多起誤操作事件，其中很大

一部分是由於操作人員在心不在焉的情況下，把晶片晶圓的鐵盒子，從躺平狀態下豎起來時方向轉反而導致的翻撒。也就是操作人員本該順時針翻轉90度，卻不小心逆時針轉動了90度造成的。廠長下達命令，要求作為項目負責人的我，把這類造成大量經濟損失的誤操作降到最低（ST）。」

「一開始，我透過和專案組的夥伴們進行會議，想出了一個辦法：在鐵盒子上雕刻箭頭符號，並做全員培訓，要求每次操作時，操作人員務必做到箭頭符號向上（A1）。」

「雖然培訓執行得很好也很快，但在這之後的一段時間裡，因鐵盒子拿反導致晶片晶圓翻撒的誤操作事件依然時有發生（R1）。」

「眼看日趨接近廠長給定的截止日期，我頂著壓力召集更多有經驗的操作人員繼續進行討論會議，終於想出了一個更優良的解決方案：在鐵盒子上不是雕刻箭頭符號，而是乾脆寫上中文字——注意向上。因為當大腦注意箭頭符號的時候，還需要去回憶培訓內容到底應該向上還是向下，這需要調動大腦慢思考的理性系統。而當大腦接收到中文字符『注意向上』的視覺資訊時，只需要調動大腦快思考的直覺系統，就可以正確操作（A2）。」

「果然，在雕刻『注意向上』鐵盒子的實驗組，誤操作率直接降到了0%（R2）。」

雖然這是在晶圓製造領域的行動改進，但在STAR結構化溝通模型的描繪下，這段克服困難的經歷「要挑戰有挑戰，要細節

有細節，要結果還有結果」。當我繪聲繪色地講完這段內容後，我從這位副總裁的眼睛裡看到了信任和肯定，最終也順利拿下了這個高薪職位。

所以，當你也需要在類似場景獲得他人認同和信任的時候，STAR就是一個可以還原優秀事蹟本來面目的結構化溝通模型。

模型三：Why－What－How

如果說前兩個結構化溝通模型的使用場景相對來說不夠廣泛，那麼Why－What－How則是適合多溝通場景的結構化溝通模型。這個模型理解起來也非常簡單。

Why：為什麼要討論這個話題？理解這個話題有什麼好處？或者不理解有什麼壞處？

What：現在我們知道這個話題很重要，但該話題本質上是什麼呢？

How：理解了話題的本質後，我們要怎麼做才能達到效果呢？

這樣說有些抽象，我們就拿溝通負熵這個話題來舉例。

第一，為什麼我們要專門用一個章節來講溝通負熵的事情（Why）？

因為我們在實行負熵的過程中不可能單打獨鬥，所以在協作的過程中也需要依靠溝通來同步資訊、做好銜接、達成共識、解決問題、實現雙贏。

與此同時，人又是很複雜的，如果不懂得溝通負熵的技巧，那麼人與人之間的協作就很可能無法進行，甚至產生衝突，力無法往一處施。這就可能導致要嘛我贏你輸，要嘛我輸你贏，甚至雙輸的局面。

所以，唯有學會溝通負熵的策略，我們才更有機會與協作方實現雙贏。

第二，現在我們已經知道了溝通負熵這件事很重要，但溝通負熵的本質是什麼呢（What）？

從本質上來講，每個人的偏好是不同的（需要識人式溝通），想要達成目標要有策略（需要談判式溝通），溝通的效率應該得到保證（需要結構化溝通），溝通的結果最好能達成共識（需要選擇式溝通），溝通的彼此需要理解對方（需要非暴力溝通）。

第三，當我們理解了溝通負熵的本質後，如何才能達成想要的效果呢（How）？

我們在每個小節裡都詳細講述了若干前人總結出來的策略和技巧，正是站在這些前人的肩膀上，我們才能更容易達成目標，有跡可循地在達成效果的路徑上做有用之功。

你看，使用了Why－What－How結構化溝通模型後，一件

複雜的事情很容易就被說清楚了，而作為資訊的接收方，也能更有效率地獲得你想傳遞的資訊。

事實上，我在撰寫本章節的時候，使用的就是Why－What－How的結構化溝通模型，你看出來了嗎？

選擇式溝通：
更容易達成共識的溝通方式

你看過影視劇或歷史小說裡，古代謀士為主公出謀劃策的場景嗎？他們有時會說，針對目前的困境，分別有上策、中策、下策三個方案，接著詳細展開三種策略，最後請主公定奪。

在謀士的心裡，難道他不知道哪種策略最好嗎？不是的。謀士這麼做，一方面透過詳細展開三種策略，分析每種策略的優劣，從而輔佐主公做出更有效的決定；另一方面給予主公掌控感，並與他迅速達成共識。

這種選擇式溝通，是中國古代高智商謀士長年累月積累下來的處事經驗。可是，為什麼這種選擇式溝通就能給人掌控感，並且更容易達成共識呢？

選擇權與內在動機

美國人格心理學家亨利・莫瑞（Henry Murray）曾經提出過一種假設：人類對於能決定自己「一件事情做或者不做」是一種與生俱來的需求。既然是人類本身的一種基本需求，它會和餓了想吃、睏了想睡一樣需要被滿足，否則人們的幸福感就會下降。

為了驗證該假設，莫瑞教授進行了一項心理學實驗。他將受

試者隨機分為實驗組和對照組，實驗組被要求在壓力下有特定目標地去玩一種原本很有意思的積木遊戲；而對照組沒有任何壓力，他們可以很隨性地做出自己的選擇，玩或者不玩。

大約半小時後，實驗人員會先告訴兩組受試者實驗暫時告一段落，然後假裝離開房間8分鐘。臨走前還不忘說一句，你們可以繼續玩積木，也可以看雜誌、閉目養神。然後在接下來的8分鐘裡，實驗人員便會透過監控設備觀察兩組受試者的反應。

結果發現：經過之前不得不有壓力、有目標地玩積木後，實驗組有許多人會被雜誌吸引，只有少數人會繼續玩積木；而對照組，有更大比例的受試者會繼續對積木感興趣。

這項實驗的結果印證了莫瑞教授的假設：有選擇權的人有更強的內在動機。這其實很容易理解，比如在工作中，你做事的時候如果有同事喜歡在一旁指手畫腳教你做事，哪怕他說得都對，你也會覺得很反感；但如果你真的遇到問題了，去請教同事幫助自己，對方指點了你，你不僅不會反感，還會心存感激。這裡的深層原因，就是同事教不教你的選擇權在你手上。

承諾一致性與達成共識

再講深一層，選擇權之所以會讓人產生掌控感，是因為人類底層心理機制中的承諾一致性在起作用。

在你的學生時代，相信你一定有過類似以下的經歷。你的老

師在講臺上邀請同學們自己報名進行一項實驗，你們都積極舉手要求參與。這時候如果誰被挑中了，做起實驗會特別有熱情，還覺得自己能被選中是幸運的。但假如你們都沒舉手，是被老師盲點選中的呢？可能就會小聲嘀咕：「哎！今天太倒楣了，居然會被挑中去做莫名其妙的實驗。」然後做起實驗來也會覺得十分沒有興趣。

這其實就是人類底層心理機制中的承諾一致性在起作用。承諾一致性會讓你在選擇做一件事情的時候，不自覺地按照這件事情的承諾方向執行。換句話說，一旦一個人認為這個決定是他自己做出來的，他就會更容易與協作方有更多共識，設法完成這件事，如果完成不了，還會產生愧疚感。

你知道為什麼關羽在主動請纓前往華容道捉拿曹操的時候，臨行前諸葛亮會問關羽敢不敢立下軍令狀嗎？因為要不要立軍令狀是關羽自己的選擇，一旦他做了這個選擇，尤其是如此有儀式感的選擇，那他在「放走了曹操」後就會產生愧疚感。這種愧疚感有利於他放下與諸葛亮協作時，不自覺流露出來的高傲和不配合，這也是諸葛亮透過選擇式溝通，設法與關羽在今後的協作中儘可能達成和解與共識的一種策略。

人類動機的研究者，美國心理學家愛德華・德西（Edward L. Deci）博士曾經在著作《內在動機》中也舉過一個有趣的例子。

　　德西博士朋友的姑媽是高血壓患者，醫生囑咐必須長年服藥，但這位老太太經常不願聽話照做，這導致她時常因暈厥、中風被送進醫院搶救。博士的朋友就很好奇，人命關天的大事，為什麼就不遵照醫囑呢？但這位姑媽自己也說不明白，答不上來。

　　一段時間過後，當德西博士的朋友再次見到這位姑媽時，姑媽說自己已經好多了，現在每天能堅持用藥，有近半年沒去過急診室了。博士的朋友好奇，這是什麼情況？其中到底發生了什麼改變呢？

　　一番詢問後得知，原來姑媽換了個新醫生，新醫生在她問診的時候和姑媽說：「你覺得你在一天當中什麼時間吃藥最好？」姑媽朝著天花板看了兩三秒後，說：「晚上吧！我喜歡睡覺前喝杯牛奶，如果能就著牛奶吃藥的話，就再合適不過了。」

　　醫生知道這種藥物不會和牛奶發生化學反應，而且在一天早、中、晚任何一個時間點，只要服用一次就有療效。正是醫生給了這位姑媽服藥方式和時間上的選擇權，激發了姑媽內在的承諾一致性。這使她的潛意識與醫囑達成了共識，所以就看到了她按照自己喜歡的方式、在喜歡的時間堅持服藥這個結果。

　　這不就是選擇式溝通的效果嗎？它能真正幫助你提升和他人達成共識的機率。

選擇式溝通兩步驟

知道了選擇式溝通的效果，怎麼做就是一件水到渠成的事情了，一共只需兩步。

第一步，目標至上

這一步是不是有點眼熟？是的，和談判式溝通類似，在做選擇式溝通之前，你也需要想好本次溝通要達成的目標到底是什麼。比如賣雞蛋灌餅的小販，他問：「你要加一個雞蛋還是兩個雞蛋？」他的核心目標其實就是希望你加雞蛋，以提升客單價。

第二步，給出兩到三個選擇

因為這兩到三個選擇都是你草擬的，所以必定符合你的利益。然後把選擇權交到對方手上，對方在做出選擇後也能產生一定的掌控感。

比如我在家裡帶兒子的時候，兒子喜歡磨磨蹭蹭，早上不肯起床，要吃飯了也不願意馬上關電視。我妻子是急性子，每次都拉著兒子立刻起床、要求兒子馬上關掉電視吃飯，這總會引發一次小型家庭戰爭。

後來，我就向妻子演示選擇式溝通的技巧，提前10分鐘和我兒子說：「阿寶，你計劃5分鐘後起床／吃飯，還是10分鐘後起床／吃飯？」我兒子總會思考幾秒鐘，然後說10分鐘吧。兒

子覺得佔到了便宜，我也達到了我的目標。最終，選擇式溝通在家庭育兒場景中成事於無形。

　　當然，選擇也不宜給得太多，以免引發對方的選擇障礙，3個左右的選項相對更合適。

　　選擇式溝通的方法也有侷限性，它更適合在單人做選擇的場景使用，在多人選擇的場景中使用就可能引發混亂。

　　騰訊前副總裁吳軍老師曾經在《見識》這本書裡指出，經營和管理的秘訣是不給選擇。這是什麼意思呢？

　　吳軍老師分享說，騰訊公司每年都有經費讓員工進行一次長途旅行。有一年，部門秘書將部門旅行方案呈給吳軍老師把關，方案中包含了兩個目的地，供員工自由選擇。

　　選項A：北海道滑雪行程，領略北國風光，體驗一般人只有在電影中才見過的滑雪專案。

　　選項B：普吉島海島行程，喝著果汁唱著歌，在蔚藍的海岸線上躺平，享受沙灘與陽光。

　　吳軍老師建議部門秘書只保留一個北海道的行程，而非自由選擇的形式。原因是大部分深圳員工都沒滑過雪，如果能夠去北海道滑雪、品嚐正宗的日本菜，就能獲得全新的體驗，從而感受到公司的好。

　　但如果給大家兩個選項去選，去了北海道的員工又累又冷的時候，會自然腦補那些去了普吉島的同事正在享受陽光沙灘的美景，覺得自己可能選錯了行程；而去了普吉島的員工，一開始看

到熱帶島嶼可能比較興奮，不過玩了兩天後也有很高機率會心生無聊，想到另一批享受日本菜和滑雪的同事，這會拉低自己熱帶島嶼體驗的滿意度。

　　吳軍老師深知面對多人場景時，「選擇了這個又患得患失那個」是一個很可能會出現的結果，選擇在此時帶來的不是福利而是後悔。

　　在這種情況下，不提供選擇雖然無法讓所有人滿意，但卻是最優的方案。

非暴力溝通：
激發別人善意的心法和技法

　　我們來做一個思想實驗。你和妻子一起用完餐，你拿出手機想打開遊戲放鬆一會再收拾碗筷。但妻子看到你要玩遊戲，馬上說：「快點收拾碗筷，別剛吃完飯就打遊戲！玩物喪志！」面對妻子這句話，如果滿分是10分，請給自己的心情打個分數。換一個場景，你是今天的會議主持人，同時負責會議紀錄。會議結束後，主管催著你說：「你怎麼還不把紀錄發出來呀！你看人家小王，每次會議一結束就寄出郵件了，快一點。」面對主管的這句話，如果滿分是10分，請再給自己的心情打個分數。

　　是不是分數都不高？是不是你還覺得妻子和主管的情商都好低。他們是怎麼說話的，居然字字傷人。

　　事實上，很多人都是這類暴力溝通的加害者，但自己渾然不知。

暴力溝通的原因

　　現實生活中，暴力溝通的接收方可不是為自己的心情打個分數就結束了那麼簡單。他們有的會反抗，引發劇烈爭吵；有的可能會先忍著，一旦有好機會就迅速離開；更激烈一些的還可能從

語言暴力升級成真人暴力。

那麼，如何解決真實世界中的這類矛盾與衝突呢？非暴力溝通就是高效能的解決方案之一。

非暴力溝通這個詞你可能聽說過，它出自美國威斯康辛大學臨床心理學博士馬歇爾·盧森堡（Marshall B. Rosenberg）的著作《非暴力溝通》（*Nonviolent Communication: A Language of Life*）。這套方法論結合了盧森堡博士近50年的研究總結，是極為適合我們實現溝通負熵、解決人際衝突的方法論。

在盧森堡博士的研究中，他發現典型的暴力溝通可以被拆解為以下4個原因：

原因1，道德評判

把自己的道德標準強行套用在別人身上。比如吃完飯不能放鬆一下玩遊戲，必須先把碗筷都收拾乾淨，這就是妻子心中的道德標準。用自己的道德標準去評判別人的行為，看似合理，實則是暴力。

原因2，進行比較

用別人的長處與你的短處相比較。就像孩子最討厭別人家的孩子，我們成年後，也很容易被身邊的人用比較之心在心理上施暴。你看別人一個月賺多少，你才賺多少；你看別人會議後立刻就整理好紀錄，你怎麼就那麼慢；你看別人……

原因3，迴避責任

會把責任用不平等的方式強加在你頭上。比如主管明明因自己開會前接了電話遲到了，卻怪你為什麼不打電話提醒她，以致於讓主管在重要會議中失禮。

原因4，強人所難

用權威將自己的意志強行加在你的頭上。例如很多媽媽在少女時代都有一個鋼琴夢，但自己由於種種原因沒有實現，等到有了孩子後，孩子分明沒有練習鋼琴的意願，但仍舊每天晚上逼迫孩子練習。

盧森堡博士認為，以上4個原因背後更深層的原因在於，暴力溝通者心中的信念是：人之初，性本惡（很多時候是懶惰、消極）。正是這種對於惡的假設，暴力溝通者才會在語言或非語言（比如眼神、肢體、語氣）上把暴力因子施加在別人身上。

與暴力溝通相對的是非暴力溝通，同時，與相信「人之初，性本惡」相對的不是相信「人之初，性本善」，而是學會激發別人的善意。

有一次，我發現協力部門有個連結提供錯了，我將錯誤處的截圖傳給對方，並打算責問。沒想到對方在我責問時既沒有找藉口，也沒有當場低頭認錯，而是立刻說：「真是謝謝你！還好你及時發現了，否則客戶看到就有大麻煩了！」這位二十出頭的年

輕人不僅把我想說的話都給說了，而且還驅使我不由自主地連忙按下「刪除鍵」，刪掉了原本想與對方「暴力溝通」的語言，而是傳出：「對，是的，那就請修改吧。」

關閉聊天對話框後，我覺得這個女孩子真不簡單，因為她不僅懂得換位思考，而且透過提前說出我想吐槽的話，成功激發出了我的善意。

管理大師彼得・杜拉克說：「管理不是控制，而是激發他人的善意。」在我看來，激發善意是非暴力溝通非常重要的心法。作為一個篤定想去實踐溝通負熵的人，你要怎樣去激發別人的善意呢？

心法：感恩練習

在我看來，學會非暴力溝通最核心的一點，就是學會對他人先產生正面的想像。著名的「漢隆剃刀原則」認為，看似惡意行為的背後可能是疏忽、無能或愚蠢，對別人惡意的假設，在絕大多數情況下是錯誤的。

與此同時，我們還可以選擇使用感恩練習，來有效提升我們對他人正面的想像。

耶魯大學認知和心理學教授桑托斯曾經在BBC上發表過一篇關於提高幸福感的方法，其中第一條就是建議你寫下感恩的事情，最好每天都寫，並將它們變成感恩清單。

　　我做不到每天都寫，但每隔一段時間我就會寫下一些值得讓我銘記和感恩的事情。尤其是在每年特定的節日，我會特地在這一天對過去一年曾經幫助過我的人再次表達謝意。

　　當我對別人表達了感恩後，滿足是難以言喻的，尤其是當對方懂得了我的感恩，同樣給予我真誠的回饋時，我能立刻感覺到這份情緒正能量變得更厚重了。這會讓我記得這份感恩的力量，從而推動著我在下一年看到和記住更多別人的好。

　　看到和記住更多別人的好，恰恰是激發他人善意的底層力量。

技法：非暴力溝通三步驟

　　有了心法，技法其實就很簡單了。為了便於你記憶，我把盧森堡博士的四原因，根據我自己的理解總結成「是瘦球」三步：

第一步，「是」就是「事實」

　　當一場溝通可能陷入危機的時候，建議你首先表達你看到的事實。讓我們回到本節開頭的那個事例，妻子看到你開始玩遊戲，馬上說「快點收拾碗筷，別剛吃完飯就打遊戲！玩物喪志！」這個場景，你可以怎樣描述事實呢？

　　你可以根據實際情況表明自己真的很想休息一下，說：「我今天下午開了三個會，回家路上擠地鐵擠了一個半小時才到

家。」這就能讓妻子明白，你很累這件事是有原因的，不是在找藉口。

第二步，「瘦」是「感受」

接著你要說說描述了這些事實之後自己的感受。

你可以說：「其實我感覺真的很累，想先休息放鬆一下。」從而加深妻子對於這個事實的認可度。

第三步，「球」是「請求」

最後一步你就可以向對方說出自己的請求了。

你可以說：「如果可以，我希望能休息10分鐘再去洗碗，我現在就在手機上設好鬧鐘，時間一到我就立刻去洗碗，好不好？」

換位思考，如果你是妻子，本來不了解對方一整天都經歷了什麼，尤其當你已經假設了對方想偷懶，那你的確可能會「說重話，上情緒」。但對方此時同步提供你資訊，讓你了解到對方的感受，而且還提出了聽上去合理的請求，那你是不是更容易與對方達成一致呢？

同樣，非暴力溝通的「是瘦球」三步驟也可以用在傾聽上，從而用來理解別人的處境。

再回到前面的例子。主管說：「你怎麼還沒寄出會議紀錄！你看人家小王，每次會議一結束就寄了，快點吧。」

你可以過濾後，把上面這些話拆分為以下資訊。

「是」：一般情況下，會議紀錄都會在會議結束時發送。

「瘦」：主管擔心發慢了會被其他部門認為我們的辦事效率不高。

「球」：主管希望我能快點把會議紀錄發出來。

經過過濾，主管拿小王和你比較的暴力溝通，被你拆解成非暴力溝通，接下來你也可以私底下找個時間去激發主管的善意。

你可以提前透過非暴力溝通的邏輯，面對主管對你的要求。

「是」：主管當著那麼多人的面拿你和小王比較。

「瘦」：你感覺自己有點難過。

「球」：你清楚知道主管是期待你進步，同時希望主管下次私下提出建議即可。

當然，你可以再補充一些資訊，下次你一定在會議中就整理好會議紀錄，保證會議結束就發出來。

你看，透過這樣一來一回的兩輪非暴力溝通解構，你是不是就能化解本來要起的衝突？你與別人的關係也變得更融洽，辦事效率也提升了。

第六章

行動負熵：實現人生熵減的終點

在本書的前言，我就引用了《與成功有約》的作者史蒂
芬‧柯維曾經說過的話——任何事物的達成都會經過兩
次創造，一次在頭腦中，一次在真實世界裡。在最後這
一章，為了讓你不僅僅是前五章知識的「觀光客」，也
為了把這些知識內化成你自己的東西，將它們在你的真
實世界裡創造出來，你必須透過行動落實。

魯莽法則：
從「先完成，再完美」到1000%提升

史丹佛大學教育系教授威廉・戴蒙（William Damon）在《邁向目的之路》（*The Path to Purpose—How Young People Find Their Calling in Life*）這本書裡將人劃分為四類。

　　第一類：疏離者。這些人既不會採取任何積極行動努力追求目標，也不會展現出有極大渴望實現目標的態度。

　　第二類：空想者。他們總是喜歡與別人交流自己的想法，但這些人通常只是嘴上說說，很少採取行動，甚至幾年之後他們依舊在談論原來的這些目標。

　　第三類：淺嘗輒止者。這些人總會從一些行動跳轉到另一些行動上，而這些行動之間很難看到有多大關聯，換言之，這些人總是難以在同一個目標上持續保持專注。

　　第四類：目標明確者。目標明確者就是我們在本書裡介紹過的13%，他們不僅清楚自己要什麼，而且還在不斷地用一個個「行動閉環」去實現自己的中長期目標。

這本書已經快接近尾聲了，既然你已經閱讀到這裡，那你必然不是疏離者。但如何避免成為空想者，如何從淺嘗輒止者走向

目標明確者，你至少需要完成一次「行動閉環」。

為什麼完成大於完美

當我第一次聽到「完成大於完美」的時候，也覺得很不可思議，這完全不符合我們小時候接受的教育觀念。尤其是很多人在初、高中的時候成績維持在還可以的狀態，如果讓他們放棄完美，只是專注於完成，就彷彿只是把目標放在60分「達到及格線」那樣，是一件不被允許且為人不齒的事情。

工作後，很多公司的企業文化是奉行精益求精，所以最常被強化的一句話是：「要嘛就做到最好，要嘛就別做。」這些主管把這句話奉為圭臬，每次重複的時候，他們的眼睛甚至都會發光。

後來讀了安德斯‧艾瑞克森博士的《刻意練習》，知道了著名的「3F理論」。

Focus：專注於某一領域

Feedback：在該領域裡透過行動獲得回饋

Fix it：回饋之後進行改進

我這才明白，如果一開始就追求完美是很難做到的。首先是能力上很有可能就達不到，而且這種對於完美的追求會有極大可

能讓人為了擁有完美的結果，從而不斷最佳化方案，最終永遠停留在方案構思的階段。而沒有行動就不可能得到任何回饋，沒有回饋就根本不知道要朝哪個方向去改進，才能在下一階段做得更好。

得到公司CEO脫不花曾經說過：「先搞起來，你就成功了一半。」如果你不知道應不應該做，那就先去做。因為絕大多數的人在臨終前很少會為做了什麼而後悔，卻總是為沒做什麼而後悔，這就是所謂的魯莽法則。

受到魯莽法則的激勵，2015年，當我一週還寫不出500個字，猶豫著要不要開始寫作的時候，我註冊了微信公眾號。沒關係，完成大於完美，先做起來。

2016年，當我第一次因為寫作接到出版社邀約，編輯邀請我寫心理類書籍的時候，我明顯感覺到「可能做不好」帶給自己的猶豫。但沒關係，完成大於完美，先試著瞭解一下。

2017年，當我看到我喜愛的網路公司正在招人時，對我來說跨界太大的壓力讓我裹足不前。沒關係，完成大於完美，我先更新履歷寄出試試。

2018年，當我看到第三本書的內容挑戰難度更大，編輯問我能不能寫時，我還是會覺得猶豫和害怕。但沒關係，完成大於完美，我先回答：「能！」

2019年，當有人邀請我開設親子家教專業課程時，我十分焦慮和慌張。「沒關係，完成大於完美」這個九字真言再次發揮

作用，我先咬牙答應下來。交稿、修改、反覆修改，一篇改了17稿。在所有人的悉心打磨下，它最終真的像一個令人滿意的孩子一樣呈現給所有感興趣的人。

2020年，由於之前受到了太多施行魯莽法則帶給我的正面回饋，「沒關係，完成大於完美」的邏輯早就寫入了我的基因，我接下了編輯給我的這個新任務。在我筆耕不輟的這幾年裡，我和很多人不斷地交流學習，試圖先用完成去拓寬我的可能性，最終得到相對完美的結果。

現在回頭來看，正是那些不完美的開始推動我去迎接真實回饋，並且在真實回饋中，我不斷地磨礪自己的真本事。到今天為止，如果給我一整天的時間，我已經可以較高品質地完成5000字了，而如果在2015年我還沒開始寫作的時候，就先想我什麼時候能夠一天完成5000字，對我來說，寫作這件事可能就不會開始了。

1000% 提升

全球知名時間管理大師布萊恩・崔西（Brian Tracy）在《成功人生的焦點法則》（*Focal Point: A Proven System to Simplify Your Life, Double Your Productivity, and Achieve All Your Goals*）裡提出過一個叫作「1000% 提升」的工具。這個工具的核心含義可以用一句話來概括：「任何人都能在一段不算長的時間裡，以持

續不斷的微小進步來實現巨大躍進。」

我們以寫作為例，如果一開始，你也只能一週寫出500字，那麼你是否每天都能進步0.4%呢？比如每天設法多寫2個字，這樣每週就能多寫14個字。這是一個很低的要求，你甚至可能覺得這有什麼難的，哪怕多寫20個字也都輕鬆無壓力。

不過這裡很重要的一點在於，不是一下進步很多，而是保持「流水不爭先，爭的是滔滔不絕」。

如果你真的能持續每天進步0.4%，那麼一年下來就是146%的提升；2年就是2.92倍；5年就是7.3倍；7年就是10.22倍，大約是1000%的提升。

是的，李笑來老師曾經說過：「七年就能掌握一種技能，七年就是一輩子。」

我們只需要用每天認真進步0.4%的速率去堅持「日日新」，7年累計下來就可以獲得一個非常恐怖的成長。

更何況每天0.4%的提升僅僅只是一個基礎要求，我們有時候在讀了一本書、聽了行業大咖的某一次講座分享後會醍醐灌頂，對某件事情的看法變得更通透了，這可能一下子就是0.5%至1%的進步。

難怪崔西老師有許多學生在4至6年後見到他時會滿懷感激地告訴他，自己只用了幾年的時間就實現了收入的十倍增長。

這在外界看來十分不可思議的事情，其實道理很淺顯：你對自己某項技能的每一次努力，都會讓你在這方面「有」更厚實的

積澱，最終體現在你完成工作的效率和品質之中。

從魯莽法則到 1000% 法則

接下來我們來把方法落實，整個過程一共可以分為五個步驟：

第一步，善魯莽。一個機會出現的時候，不要猶豫，要善於魯莽，先有一個要去試的意識。只要這件事情最壞的結果不會對你的聲譽造成不良影響，你就可以先以低姿態承接下來。

第二步，撥資源。你最重要的資源就是你的時間，為了完成你承接下來的任務，比如每週完成一篇 500 字的文章，你就要撥出你的時間資源去閱讀、去輸出。

第三步，訂計劃。你可以把你的計劃寫下來，讓自己每天都能看到每日計劃，按時按量地去完成它。

在訂計劃的步驟，崔西還特別提醒，要用現在進行式寫計劃。你可以寫「我在讀一本書」而不是「我要去讀這本書」。因為使用這種方式來訂計劃，可以讓你的大腦潛意識對目標十分敏感，一旦實現目標的場景出現，你會更傾向於去實行這項計劃。比如我現在「正在寫作」，你「正在讀書」，這就是你和我在相同的時空下一起產生每天 0.1% 提升的奇妙行動。

第四步，會輸入。還記得熵增定律的兩個條件嗎？一個是封閉系統，一個是沒有外力做功。學會輸入就能打破封閉系統，外

界的知識、經驗的流入正是外力對自己的做功。所以當你每天有充裕時間的時候，你可以透過看書輸入。如果你的時間實在不充裕的話，至少可以透過聽有聲內容或者觀看影像內容，利用零碎時間來增加你的輸入。這些都是對我行之有效的方法，也一定能為你的「1000%成長計劃」產生助力。

　　第五步：能復盤。蘇格拉底說，沒有反思的人生，不值得過。在這個方向上每完成一個小閉環之後，立刻問自己兩個問題：在這一輪當中，我做對了什麼？下次再來一遍的話，我要怎麼做才能做得更好？

　　回答這兩個問題後，接下來你要做三個對接下來的閉環很重要的決定：停止做什麼？繼續做什麼？開始做什麼？需要注意的是，任何一個方向的成長都需要積累，反覆積累能讓你走的每一步都有意義。在你持續行動了一段時間後，你在這方面的技能就能內化成你的肌肉記憶，你隨隨便便展現出來的能力，在外界看來都可能會讓人刮目相看。

動機法則：
用行為設計找到自己的黃金行為

　　你打算開始實踐身體負熵，計劃四個月減肥6公斤。你看了看同事剛剛擺在你手邊的奶茶，一咬牙、一跺腳，喝一口吧。隨著這一口奶茶下肚，你的味蕾和情緒完全歡騰起來的同時，今天的減脂計劃宣告失敗。

　　你計劃週日下午騰出時間好好讀一本書，為自己做一次認知負熵。可一坐下來，手機彈出的新聞引起了你的注意。你點開新聞，從頭讀到了尾，發現底部的更多資訊中，你喜愛的明星又拍了新電影，你從圖文瀏覽到了短影片……當你意識到應該放下手機時，1個小時已經過去了。

　　你有過以上行為嗎？為什麼會出現這種情況呢？我們先來複習一下人類行為模型。

再次釐清人類行為模型

　　前面我們介紹過人類行為模型：B＝MAT，即行為＝動機×能力×觸發條件。任何一個行為的促成，都離不開動機、能力、觸發條件這三個要素。比如，120元一杯的奶茶比較貴，你想嚐鮮相對昂貴飲料的動機很有可能壓制住你實踐身體負熵的動

機，而且奶茶就在手邊，喝奶茶這個行為完成起來沒有任何難度和阻礙，更何況周圍的同事都在奶茶中獲得滿足又給了你多重觸發，於是在這樣的環境中，淪陷就是瞬間的事。

在這三個要素中，首當其衝的要素就是動機。什麼是動機？動機是激發和維持有機體行動，並促使行動導向某個目標的心理傾向或者內驅力。簡而言之，動機就是想做或者不想做的衝動，是人的一種願望。

可是事實已經證明，擁有良好的動機並不能讓你實現自控，從而帶來良好的結果，這又是什麼道理呢？

第一，動機是複雜和矛盾的。肚子餓的時候，看到別人在吃炸雞，突然很想吃，這是動機；想到炸雞的熱量很高，吃了今天的減肥計劃就要泡湯了，忍住嘴饞，也是動機。史丹佛大學行為設計實驗室創始人福格（BJ Fogg）博士在著作《設計你的小習慣》（*Tiny Habits: The Small Changes That Change Everything*）中曾說：「動機很複雜，有時候它們看起來就像是在進行一場心理拔河比賽。」

第二，動機很不穩定。動機高漲的時候，比如今天你過生日，你會特別希望吃一頓生日大餐，這是很強的動機。但如果你的生日是在昨天，此時，吃大餐的動機就會大幅降低。

第三，動機無法幫你實現長期目標。這個我相信所有人都有體會，你很有可能突然受了某種刺激，當天晚上運動或讀書 1 小時以上；但到了第 8 天，就可能完全提不起勁去做同樣的事情

了。

　　福格博士認為：「動機是最不可預測和最不可靠的，這不是缺陷，而是人性。」所以，動機是果，而不是因，聰明人懂得在因上做功。所以，你可以選擇透過行為設計，用符合人性的方法在因上做功，讓自己更容易獲得想要的果。

行為設計的三個步驟

　　什麼是行為設計？行為設計是行為科學和設計思維的結合，它能幫助你透過事前有序的設計安排，幫助你更輕鬆地完成預定動作，為最終目標提供助力。

行為設計的第一個步驟：明確設定願望。

　　這個步驟和我們認知負熵的思考方式很像，先明確設定我們要到哪裡。但這裡需要特別注意的是，你必須很清楚實現該願望究竟可以為自己帶來什麼好處。

　　比如，很多人會為自己定下「一年看完50本書」這樣的願望。可是，這真的是他的願望嗎？他為什麼要讀完50本書呢？讀完這50本書對他意味著什麼，能為他帶來什麼？很多人可能從來都沒思考過這樣的問題，這和我們從小到大的學生思維有很大關係。因為我們總會下意識地認為讀書是一件好事、背單字是一件好事，但很少去思考這些好事背後到底指向哪個目標。

我自己一年可能會讀50本書，但不是為了讀書而讀書，我讀書的目的是納入外部新知（能量）用來對抗熵增，同時用於配合寫作。所以，我需要用讀書替自己拓寬眼界，然後在生活中實踐這些新知，再將實踐的體驗和結果變成文字。

這就是願望（對抗熵增、拓寬眼界）、成果（讓寫作成為我合理的副業）和行為（讀50本書）之間的關係。明確設定願望不是一拍腦袋說「我要」，而是一個不斷思考、釐清自己的過程。只有真正想清楚你的願望，你才能進入第二個步驟。

行為設計的第二個步驟：探索行為選項。

當你的願望清晰後，就可以羅列出一大堆你可以想到的行動來實現你的願望了。例如你明確設定願望的結果是：希望四個月減脂6公斤，希望能擁有一個自己看起來很舒服的體型，讓自己充滿自信。釐清了這樣一個願望後，你就能開始羅列類似的行動選項：

一部分上班路途用走路或騎車代替乘坐公車或地鐵；每晚堅持做一次HIIT運動；每週去三次健身房做有氧運動；不再吃零食；自己準備輕食作為午餐和晚餐；每天帶兩根黃瓜，上午或者下午感覺餓的時候吃；下載一個健康管理App，記錄自己的飲食；發現當日攝入過多時，就用跳繩來消耗掉……

當你把所有可以想像到的行為選項全部羅列下來後，你相當於為自己做了一次腦力激盪，那麼接下來，我們就可以進入第三

個步驟了。

行為設計的第三個步驟：為自己匹配合適的行動。

第三步是最關鍵的一步，因為它會關係到你能否持續實踐，以及持續實踐是否有很好的效果。福格博士把那些和你最匹配的行為稱為黃金行為（Golden Behavior），它需要符合三個標準。

願望導向：該行為的確可以幫你實現願望。
動機導向：你願意實踐這個行為。
能力導向：你完全有能力實踐該行為。

接下來的步驟就簡單了，把所有的行動選項在接下來要講的四象限裡去做一一對應的匹配。

行動四象限

如果你把願望導向作為 X 軸，把動機和能力導向作為 Y 軸，就能非常清晰地形成一個笛卡兒座標的四象限。

第一象限：低願望——低意願或能力導向

該象限的內容屬於動腦會議中不可靠的選項。比如每天只吃蔬菜或水果，聽起來好像很健康，且不說水果裡的部分品種糖分

含量極高，哪怕你吃的是不太甜的水果，那麼你的攝入很可能造成過大的能量缺口，這會讓你的身體進入饑荒狀態。在這種狀態下，不僅基礎代謝會減少，而且人的免疫能力會受影響。

第二象限：高願望——低意願或能力導向

該象限裡的內容的確能幫你實現願望，但要求比較高，以至於你可能做到1至2次，但往往很難堅持。比如每天運動60分鐘，如果真的能做到，那減脂就只是時間問題。但對於剛剛啟程的你來說，你有很高機率缺乏意志或能力去堅持每天運動60分鐘。

以下行動選項對一般人來說可能都屬於第二象限：每晚堅持做一次HIIT運動；自己準備輕食作為午餐和晚餐；下載一個健康管理App，記錄自己的飲食。

第三象限：高願望——高意願或能力導向

這裡就是我們的黃金行為象限了。在這個象限裡的行為，不僅對你實現願望有效，而且施行起來也不太費力，你完全有能力、有意願去完成它們。以下行動選項對我來說就屬於第三象限：一部分上班路途用走路或騎車代替乘坐公車或地鐵；每週去三次健身房做有氧運動；發現當日攝入過多時，就用跳繩來消耗掉。我有時也會受到美食的誘惑，不過就算吃下去了，回家跳跳繩就能把這些卡路里消耗殆盡。

第四象限：低願望──高意願或能力導向

這個象限裡的行為是你完全有能力也很願意去做的，但對於達成願望沒有幫助。把這類行為歸類好，我們就能條理清晰地對它們做出十分客觀的評估。

透過整理以上四個象限，你就能很清楚地匹配到「真正有效果，也是自己真心想去做的行為」了，這也是行為設計有效的關鍵。

福格博士的願望是「多睡點覺」，他透過行為設計替自己找到的黃金行為是：睡覺前把手機調成靜音模式、每晚聽白噪音、晚上把寵物關到籠子裡。簡簡單單的三個動作，執行起來也不費力，卻能有效實現效果。

現在，你也可以參照以上行為設計的三個步驟和行動四象限法，去釐清你的願望，並找到與願望匹配的黃金行為。

行動法則：
兩個要素讓黃金行為反覆出現

　　黃金行為是可以說明你日拱一卒實現目標願望的行動，但它僅僅解決了與動機形成良好匹配的問題。接下來，為了讓行為有效地反覆出現，我們就需要繼續觀察B＝MAT中的後兩項──能力和觸發條件。

從最小耗能開始行動

　　週末，我們在家吃完飯，我會問我11歲的兒子：「你想洗中午的碗筷還是晚上的碗筷？」他會認真思考一下，然後告訴我：「那就洗中午的吧。」

　　你可能看出來了，這是之前提到的溝通負熵中的選擇式溝通。但這種溝通有一個前提，即11歲的兒子具有分擔洗碗這項家務的能力。

　　事實上，在他8歲的時候，我和妻子就開始訓練他洗碗了。但無論是兒子還是家裡的老人對此都是抗拒的，在這種環境下，我是怎樣讓這件事情發生的呢？

　　答案是：讓兒子從「用水把一個刷過洗潔精的碗沖洗乾淨開始」，因為把碗沖洗乾淨的耗能極低，可能不到10秒就能完成。

所以多次嘗試之後，我就開始了第二步：「讓兒子用沾有洗潔精的海綿將一個碗的內外擦拭一遍」，接著再做他非常熟悉的第一步。

在接下來的一段時間裡，只要有機會，我們就會讓他洗一個碗。直到有一天，我們發現兒子能把一桌子的碗筷都洗得乾乾淨淨，而且擺放得整整齊齊。我們把他的工作成果拍照上傳到家族群組，兒子受到了各種表揚，非常開心。從那天起，每逢週末，我們都會和兒子進行一次關於洗碗的選擇式溝通。

為什麼培養孩子洗碗的習慣要從「用水把一個刷過洗潔精的碗沖洗乾淨」開始呢？因為在公式 B＝MAT 中，如果先不管觸發因素，當需要的能力較大時，只有較大的動機才能驅動行為。換言之，如果動機不夠大，那想要促使行為發生，就不能對能力提出過於苛刻的要求。

這也很好理解。比如一直想要開啟理財技能的人都有閱讀《窮查理的普通常識》等投資類書籍的動機，但其中又包含了許多諸如 PE、PB、ROE 等財務方面的專業術語，讓人看得頭皮發麻、昏昏欲睡。

但如果一開始只是要求自己從最小耗能開始行動：每天只看一頁投資書，每週只搞懂一個專業術語，那完成行為所需的動機就不用太高。而隨著時間的推移，隨著你在財富負熵方面的能力日積月累，看到這些專業術語比親人還親，甚至能與投資多年的人對答如流、相談甚歡，你關於投資和財富負熵的習慣就會自

然而然地養成，你離財務獨立也就更近一步了。所以，很多事都是從一個非常簡單的事情開始做起堅持下來的：

每天閱讀，從拿起書開始，只要求讀一小段就好。

控制情緒，從課題分離開始，只要求想一想什麼是「別人的事」，什麼是「我的事」就好。

開始鍛鍊，從活動起來開始，只要求開合跳3至5次就好。

冥想訓練，先從專注於自己的呼吸開始，只要求閉上眼睛感受就好。

先從最小耗能開始行動，假以時日，必能讓你的能力圈越擴越大。

觸發為什麼重要

有一次，我的母親心臟不舒服需要靜養。恰巧母親新買的浴室洗手檯到了，家裡沒人在一旁看著師傅安裝，母親感覺不放心。我特地排休一天看著師傅將洗手檯安裝完畢，但由於時間太晚了，就決定在母親家住一晚。

要命的是，我忘記告訴妻子了；而且由於忙了一整天感到疲勞，我不僅早睡，還習慣性地把手機調成了靜音狀態（妻子睡眠品質不好，我養成了每晚臨睡前把手機調成靜音的習慣）。第二天醒來，我一看手機，發現有10多個來自妻子的未接來電，妻子還在凌晨透過微信留言，打算一早報警去找我。

　　我看到這個情景也急壞了，趕緊撥電話過去，然後免不了遭受著急且一夜無眠的妻子的批判。我和母親打了一聲招呼後立刻趕回去情緒安撫，最終使用了之前提到的「是瘦球」非暴力溝通法，才平息了一場家庭情緒衝突。

　　事後復盤，「忘記打招呼」當然是重要原因之一；同時電話靜音以致沒有觸發行動，也是另一個造成這起烏龍事件的根本原因。

　　這件事對所有人都是一個提醒。因為就算你有接電話的動機，並且接電話這個行為毫不費力（無須過多的能力），沒有觸發，行動依舊不會發生。

　　作為復盤反思「什麼應該開始做」的行動方案，我在網上搜索了一下，找到了解決方案：在手機通訊錄裡將妻子特別標註為，即使手機為靜音狀態，她打電話過來時仍舊會和普通狀態一樣響，產生觸發。

兩種觸發讓你行動起來

　　理解了觸發的不可或缺性，如果你希望黃金行為以最小耗能的方式反覆重現，有兩種觸發可以讓你行動起來。

　　第一種是工具觸發，工具觸發是以便利貼、手機 App 等工具提醒自己開始行動的一種手段。比如久坐是一種很容易引發健康問題，增加脊椎、頸椎和心血管負擔的行為，所以我設置了一個

每天下午14：55會響的手機鬧鐘，去提醒自己一定要站起來至少活動一下。

日程規劃App也是非常高效的觸發工具。每當我在App上記錄好自己規劃的日程後，它們會在計劃時間來臨前的15分鐘彈出告訴我：「你還有一刻鐘的時間做好當前工作的收尾，因為你馬上就要開始進行下一項行動了。」

第二種是行動觸發，這也是我要詳細展開的內容。工具觸發雖好，但它畢竟依靠外物，是一種外部觸發。倘若外部工具提示的頻率比較低還好，但如果頻率偏高的話，我們會變得麻木從而忽視這類觸發。行動觸發則是一種猶如條件反射一般的內部觸發方式。比如起床後的第一件事情是刷牙，坐上地鐵後的第一件事情是拿出手機，吃完飯後的第一件事情是嚼口香糖。

事實上，上面這些猶如條件反射般根深蒂固、自然而然的行動觸發都是你後天養成的習慣，而且形成類似的行動觸發也並不複雜，只需簡單的三個步驟就能形成行動觸發的迴路。

第一步：確定錨點。這裡所指的錨點是你在生活中必然會經歷的事情，比如吃完晚飯、一到公司、起床等幾乎每天都在發生的事情。比如我自己每天起床之後先刷牙，刷完牙之後立刻打開電腦寫500字，這些就是我的行動觸發。

上一節介紹過的福格博士的錨點更有意思，由於他十分希望加強身體鍛煉，所以會在上完洗手間之後立刻做兩個伏地挺身。這個組合雖然聽上去奇怪，但的確可以讓福格博士在不知不覺中

擁有相對充足的運動時間。

第二步：將錨點與黃金行為掛勾。當你找到自己的黃金行為，同時又苦惱每週實行不了幾次的時候，不妨考慮將錨點和黃金行為掛勾。

比如一個人體檢時查出脂肪肝，治療這項亞健康問題的黃金行為是每日快走，如果搭地鐵是他的日常通勤方式的話，那麼下地鐵之後就立刻快走到公司，正是將錨點與黃金行為掛勾的完美組合。

第三步：用最後動作優化錨點。有時我們透過第二步未必能在錨點與黃金行為之間建立有效的掛勾，此時，就不得不使用放大鏡去詳細審視錨點內部的流程細節。

因為諸如「到了公司之後」可能描述得比較籠統，而大腦是個喜愛偷懶的器官，所以如果想要使掛勾更有效，不妨把最後的動作描述得更清晰。

比如到了公司之後，我通常並不會馬上去健身房運動，而是先喝一杯咖啡，放鬆一會，看一眼錶等時間顯示為08：15的時候，我會戴好耳機去健身房做運動。在這個過程中，「看一眼錶等時間顯示為08：15」就是我在該環節的最後動作。

福格博士在上完洗手間後做兩個伏地挺身前的最後動作是按沖水按鈕，我在每天早上開始寫500字前的最後動作是放下牙刷杯，正是這些最後動作令我們的大腦彷彿機器一般，有節律地去執行接下來的黃金行為。

首步法則：
改變，從重複微小的第一步開始

現在，關於如何魯莽地開始行動，以及關於行動的三要素，你已經形成了一定的認知，不過現在你可能仍舊不知道應該如何開始實行。所以，你眼下所需要的可能是更微觀、更實際的首步行動。接下來，我會進一步用自己的親身經歷來和你分享，首步行動為什麼遠優於站在岸上旁觀，以及你到底應該如何開始。

我的財富負熵首步行動

2007年，中國股市迎來了一輪牛市。彼時我開始工作僅僅1年多，積攢下了人民幣1萬元。我的父親是個老股民，他就鼓動我說，股市那麼好，你至少應該拿這1萬元來買基金。

在父親的反覆催促下，我終於在某個寧靜的中午，帶上身份證前往公司附近的某個證券交易所和銀行，完成了開戶和銀證轉帳，實行了首步行動。

一開始這支基金漲得真不錯，人民幣1萬元很快就漲到了1.2萬元、1.4萬元，並在2007年9月底漲到了最高點1.6萬多元。一年不到，竟然獲得了超過60%的收益，這是多麼恐怖的數字。我對自己的理財決策特別滿意，甚至還想過以後可以全職

去做基金投資。

　　可我太天真了。過完國慶，基金價格開始跳水，幾乎每週都在蠶食我的利潤。每天我都感覺有一塊石頭壓在胸口，但我也總是幻想著這只是暫時的，很快就會漲回去。但直到2008年我和妻子籌備婚禮的時候，人民幣1.6萬多元只剩下1.1萬多元了。由於需要花錢，我選擇了全部贖回，也幸好做了這樣的決定，因為後來這支基金繼續下跌了將近40%，現在看來我是幸運的。

　　首先，人生的第一筆投資雖然搭了一趟自由落體（先上漲到1.6萬元，後下跌至1.1萬元），但最終仍舊產生了大約10%的年化收益率。其次，正是由於有了這次投資經驗，我才會一方面對市場有了敬畏，一方面對投資類的知識產生興趣繼而研究學習。最後，正是由於不斷在實踐中得到或正或負的回饋，我才最終找到和建立了適合自己的投資模型，用前人的經驗和知識去不斷試錯、調整，再到現在設計規劃和不斷梳理「關於我、機率和財富的關係」，並且寫進了這本書。

　　時至今日，我要特別感謝我的父親。雖然他的投資水準並不算高明，但在我很年輕的時候，讓我用並不多的錢在投資市場裡以一種相對安全的方式開啟了我的首步行動，真正把他老人家自己的認知變成了我在投資之路上的起跑線。

首步行動為什麼遠優於站在岸上旁觀

浙江大學應用心理學博士陳海賢老師曾經在著作《了不起的我》中舉過一個例子。陳老師有一個來訪者，他面臨著一個很大的麻煩：已經是大四最後一個學期了，但他有四門課沒修完，修不完要被勒令退學。更要命的是，這位來訪者簡直患上了行動困難症，每天醒來只想在宿舍裡玩遊戲，寸步不移。

他很苦惱，因為他原本還是村子裡首個考入知名學府的學生，是村子裡後輩的榜樣，現在卻淪落至此。這是一種明顯的認知上很清醒，行動上偏偏邁不開步的典型。

不過陳海賢老師只用了一招，就徹底改變了這位學生的情況。

陳老師問：「假如你仍然想順利畢業，你現在的第一步應該做什麼？」這位學生想了想，然後說：「應該是讓作息先正常起來，到食堂裡按時吃飯吧。」第二天，他邁開了這一小步，然後在食堂裡遇到了一個同學。同學正在考GRE，希望有個人能互相提醒早起（提供觸發條件），一起吃早飯（無須過多能力），他點頭答應了（動機：承諾一致性）。他們從此開始一起上早自習，這位學生的狀態也就一點一點好了起來。

你看，僅僅是去食堂吃飯這小得不能再小的首步，就如同骨牌效應一樣，在走了第一步之後，後面又產生第二步、第三步……直到最終成為預期的樣子。

你可能會說，這位同學只是運氣好罷了，假如他第二天在食堂裡沒遇到那位同學，那位同學也沒在考GRE，沒要求他互相提醒；又假如他只是隨口答應，但第三天沒一起上早自習，可能就沒有然後了。

你說得有一定的道理，不過如果你還記得機率思維裡的勝率模型，那就知道先去食堂正常吃飯對這位同學來說，是一件投入時間很少，卻有一定機率牽扯出更多後續可能的事情。

我們曾經說，假設一件事情發生的機率是1%，重複68次後，那麼它發生的機率就高達50%。也就是說，只要這位同學能重複這項微小的首步行動68次，他就有50%的機率會觸發後續的隱藏「劇情」，繼而帶領他走出天天窩在寢室裡玩遊戲的泥淖。

反觀知道要去做卻始終邁不開首步的岸上旁觀，不做任何行動引發後續隱藏「劇情」的機率必然是0，那麼人也不會有任何改變。

為什麼首步行動能幫助你達成更多行動

還是以我的親身經歷為例。當我有了首次買賣基金的經驗後，我發現買入和賣出的行為遠沒有我想像的那麼複雜。完成一次交易的動作為我帶來了自我效能感，即個體對自己是否有能力完成某一行為的判斷，而這種判斷明顯把我的能力邊界擴大了，

讓我產生動機去探索更難一點的事情。

2009年，工作第5年的我和工作第4年的妻子積攢下了人民幣10萬元。此時我被一則上海地鐵11號線將向西延伸到崑山的新聞吸引了，這就誘發了我的一個念頭：有沒有可能在地鐵通車之前買個小套房，然後等地鐵通車後再賣掉呢？

一個聲音出現在我的腦海：人民幣10萬元怎麼可能買到房子呢？另一個聲音又出現了：如果我要買房，那我的第一步動作是什麼呢？答案是：前往崑山看房。

有了這個首步行動方案後，到了週末，我就和妻子透過複雜的地面交通幾經換乘抵達崑山，接著在想要做成生意的仲介幫助下看中了一套只有40平方公尺的一室一廳，以一平方公尺人民幣9000元的價格貸款買入。

雖然中間經歷過從一平方公尺9000元跌價到8000多元的過程，但在地鐵11號線通車後，我們便以人民幣一平方公尺11000元的價格賣給了一對中年夫婦。即以人民幣10萬元的啟動資金，在短短數年間賺到了將近人民幣8萬元。

2015年，上海房價有一波低谷，我又注意到當年公積金利率下調的新聞，果斷地和妻子商量後，在很短的幾個月裡使用公積金貸款買下了上海嘉定的一處90平方公尺的房產，並在短短一年裡看著房價漲了2倍。

這裡有運氣的成分，而且你可能還會覺得我說的這段經歷是不可複製的。的確，但我更想說的是，如果沒有首步行動，沒有

行動完成後帶來的自我效能感，也就沒有後續更多、更複雜的
行動。

首步行動四步驟

首步行動如何開始？很簡單，分為四個步驟。

步驟一：確定你期望達成的一個具體目標。我們在認知負熵
的章節就曾經說過，目標是你行動的原動力，只要有了目標，你
就可能產生許多可靠或不可靠的行動方案。所以，只要你確定好
一個具體目標，就完成了首步行動的步驟一。

步驟二：如果一段時間後你的目標達成了，你最可能做出的
第一步行動是什麼？這是非常關鍵的一步，讓你站在成功抵達目
標的彼岸，反過來思考你必須踏出的那一步是什麼？比如買賣基
金，第一步一定是開個帳戶；買賣房產，第一步是去看房。

步驟三：實踐第一步行動，然後每次積累自我效能感。既然
這第一步的小行動已經確定好了，那就開始實踐吧。當然有時
候，第一步小行動做完之後未必都能獲得好的回饋。但正是因為
有正負回饋，你才有機會去調整你的下一步，比如閱讀、吸收與
這方面相關的知識，不斷釐清做這件事情的勝率、賠率到底是多
少，你該如何安排你的下注比率。

步驟四：調整策略，反覆行動。時間、精力、金錢都是你的
資源。當你在下一步行動前透過不同的策略調整，選出勝率更高

的事情去做，或者把較小的資源押到勝率不高、賠率不低的事情上時，透過反覆的行動，得知你的時間花在哪裡，你的產出也更可能體現在哪裡。

我還清晰地記得我2015年時的主管對我說，現在股市又到牛市了，你別去買房子，應該將這筆錢投入股市。然而，彼時已經有了6至7年投資認知的我，早已能分辨清楚：牛市是股民最容易賠錢的時刻，是一件勝率很低的事情；而當時的房地產低迷，又有公積金相關政策的消息，顯然勝率更高。而這一切關於財富的認知，都是從2008年、2009年的首步行動開始積累的。

所以，如果你也想從現在開始積累某一方面的認知，也可以從首步行動開始。

湧現法則：
用一個公式，成為你要的樣子

　　還記得我們之前講過的媽媽與女兒的故事嗎？媽媽隨手拍一張女兒的照片是稀鬆平常的事，但每天拍1張，最終形成6000多張女兒每天長大一點點的照片集就不簡單了，放在一起就是一場令人側目的攝影展。寫一篇讀書筆記然後把它錄製成錄音檔稍難一些，但每週錄1篇，每年錄50篇，6年錄成300篇，集合在一起就是一個品質越來越好、粉絲越來越多的說書節目。出版1本書傳播人類智慧有難度，如果每年出版1本，花40至50年出版50本書，疊加起來使之著作等身，就是一件對個人和社會都非常有意義、值得去做的事情。

　　沒錯，任何人把任何一個黃金行為不斷重複以克服熵增，將這些黃金行為最終形成的結果集合在一起，在同一時間大量出現，就能蛻變成為湧現。

個人湧現的時代已來

　　當然，每個人的偏好都不一樣，這就導致了每個人的目標也會不一樣。有些人會選擇成為企業管理者、領導者，他們有天賦和運氣躋身高管之列，在一路狂奔中披荊斬棘。這條路未必適合

你，因為在這個時代，它並非唯一的路徑。

除了前幾年在微信公眾號上依靠週更、日更文章，積累了幾十萬、上百萬粉絲的公眾號博主，個體在一些特定領域裡湧現的例子還有很多。

我在短片 App 上看到過一位攝影博主，他每次都會舉起單眼相機，拍攝晚上做炒飯的小販、在車上吃冷饅頭的女計程車司機、在寒冷的夜裡賣鮮花的女孩等。

他會把他拍下的照片用即時列印裝置彩色列印出來，裝裱在相框裡當作禮物送給這些人。這位攝影博主的人像攝影水準很不錯，收到這份禮物的人通常都會愛不釋手。

這種傳遞人間溫暖的短片，最前面十幾期的點讚數量雖然有限，但隨著他後續的內容越來越豐富，到目前為止已經擁有了上百萬粉絲。這樣的短片就算不接商業廣告，僅依靠播放量的收益也不容小覷。

更何況該攝影博主不僅在做自己擅長和喜歡的事情，同時還傳遞了社會正能量，他甚至還與那位賣鮮花的女孩擦出了愛情火花。

還有一個廣東廚師，每次都會教別人做一道家常菜。由於品類繁多、教學步驟簡單，我會把喜歡的菜品點讚收藏起來，週末不知道要做什麼的時候就打開短片依樣畫葫蘆地做，做出來的小菜也讓妻子和孩子讚不絕口。這位廚師的粉絲也早已超過百萬。估計與我有差不多動機的人一點也不少。

更有開著車四處遊玩的旅行博主、教你生活小技巧的生活博主、向你分享各類知識內容的知識博主等。

未來學大神凱文‧凱利（Kevin Kelly）在《技術元素》（Technium）裡講到過一個叫作1000個忠實粉絲的理論：假如你有1000個忠實粉絲，這些人願意每年在你身上投入100美元，那你每年就將擁有10萬美元的收入，足夠一個普通人活下去。

這就是個人湧現最現實的效果，它能在技能的純熟度和財務這兩方面同時支援你，讓你成為你想要的樣子。

如何實現個人湧現——核心人生演算法

得到公司創始人羅振宇曾經在一次跨年演講中提到過一個公式：

成就＝核心人生演算法 × 大量重複[2]

核心人生演算法是什麼？其實，這部分我們已經在最開始的認知負熵裡反覆強調過，它是根據你的長期目標拆解出來的路徑和策略。當然，這些路徑和策略能否直指目標，也要分析其中的勝率、賠率和下注比率，必要時還需要透過復盤來調整路徑和策略。比如我們都喜歡事半功倍，希望抓住紅利，但什麼樣的人才能抓住紅利呢？

首先，他需要理解人們的需求。

我們都知道，人們的需求可以被三類價值滿足：功能價值、情緒價值和社交價值。

功能價值是指我們獲得這種價值後，可以完成某個具體任務。比如，我之所以收藏美食博主的燒菜短片，是為了完成週末給妻子和孩子燒出一桌好菜的任務。

情緒價值則是給人帶來美好感受、能喚起某種正面情緒的價值。攝影博主為社會底層的勞動人民拍出漂亮照片，並用相框裝裱好送給對方，就能顯著喚醒觀眾心裡的正面能量，讓人感嘆人間自有真情在，給人良好的情緒體驗。

社交價值是可以在社交場合令自我感覺變得更加良好的價值。例如知識博主把時下熱門的話題以一種充滿高級感的方式拆解給你聽，你學會了之後也可以將其在社交場合作為話題，這就是一種具有典型社交價值的內容。

除了要理解需求，還要弄清楚市場的供給，釐清自己所產生的價值是否稀缺。紅利是指市場短暫的供需不平衡，這種不平衡就給了價值的提供方機會，讓需求向暫時稀缺的地方湧來。

這也很好理解。我們還是以拍了6000多張女兒照片的媽媽為例。如果在這位母親的小城鎮，所有父母都有為孩子每天拍一張照片的傳統，以至於每個家庭都有能力曬出6000多張自家孩子從小嬰兒到18歲成年的照片，那這位母親的攝影展是否還足以吸引別人的注意力呢？

所以，核心人生演算法在勝率層面既要考慮需求，還要考慮供給。只有在存在大量需求且供給又很少的地方做功，抓住紅利的演算法才得以成立。

不過就像前面說的，紅利只是供需短暫的不平衡，任何紅利隨著時間的推移，都可能由於某類需求的供給方大量出現而消失。比如曾經很紅的「7分鐘看完一部電影」系列短片，影片製作者自己把一部電影看完後，根據其中的脈絡進行精華剪輯，再配上自己的解讀，讓觀眾得以在很短的時間裡就瞭解一部電影的概要，這種形式確實紅過一陣子。但隨著同質化產品大量出現，紅利逐漸消失，繼而供需達到平衡，甚至供給大於需求，因而這項演算法越到後來越會趨於平庸，無法稱為核心演算法。

已故「鏈家」創始人左暉曾經說過一句令人振聾發聵的話：「做難而正確的事情。」難意味著稀缺，正確意味著需求長存，難而正確的事，才是真正有效的核心人生演算法。

如何實現個人湧現——大量重複

那麼作為個人，你要怎麼去選擇「難而正確的事情」呢？

現在我們構想一個場景。100年後，當後人在回憶你的時候，你希望自己被評價為：「一個高級打工者，曾經年入百萬，開豪車，住豪宅，一個××產品的創始人，憑藉當時腦洞大開的想法，改變了無數人的生活方式。」還是「一個出版書的作

家，鼓舞、激勵了無數人找到並實踐自我的湧現。」

正是這種思維框架能夠幫助你有效找到對你來說「難而正確的事情」，找到了之後，接下來就是「大量重複^2」。

在這個平方根第一次出現的時候，一定會有人好奇，為什麼要打上平方根呢？因為我們知道大於1的數字計算平方，數字會變大，比如$1.1^2 = 1.21$，$1.2^2 = 1.44$；但如果小於1則會變小，如$0.9^2 = 0.81$，$0.8^2 = 0.64$。所以，大量重複的對象必須大於1，必須有品質。

你可能會覺得這種說法與「先完成，再完美」矛盾，不過事實上，這裡的大於1是指你每一次的重複不能只是簡單地重複，而是需要在每一次的重複中比前一次更有品質。

這就需要你不僅把人類行為模型B＝MAT實踐在重複的過程中，使之變成毫不費力去做的行動，而且還需要你學會「自討苦吃」，花費力氣在每一次的重複中引入外部能量（新知識、新經驗、新玩法）做功，讓每一次的重複都能獲得超出別人期望的認可，也就是口碑。

劉潤老師曾說，金杯銀杯，不如使用者的口碑。不奔向口碑，而選擇走容易走的路，在平衡中簡單重複，這些都是下坡路。

路分兩種，「寬門」與「窄門」。有些人選擇走容易走的「寬門」，比如靠投機取巧、靠那些無法獲得別人發自內心認同的方式獲利，一開始容易，但他的路只會越走越窄。而另一些

每次逼著自己進步一點的人，選擇走難走的「窄門」，靠能力積累、靠產品打磨、靠為社會創造價值獲利，這些人的路則會越走越寬。

所以，「大量重複²」意味著我們要不斷打破平衡狀態，用行動去做負熵，不斷在實踐人生核心演算法的過程中去做更難的事情，輸出更有品質的結果。

克服熵增定律，找到並在專屬於你的「難而正確的事情」上反覆做功，把結果疊加起來，在同一時間大量出現，繼而實現你個人的湧現！

種一棵樹最好的時間是十年前，其次是現在。

讓我們從現在開始，做難而正確的事情，因為難走的路從不擁擠。

最後，希望本書的交流只是我們成就彼此的開始，因為人生所有的修煉都只為在更高的地方遇見你。

祝負熵前行，早日成為你期待的樣子！

致謝

本書到這裡就要告一段落了。

這本書裡六大負熵的方法論不僅是我自己的知識和經驗，還是我在實踐負熵的路上，那些外部能量，包括書籍、老師等注入給我的。這些方法論幫助我逐漸累積、成長，最終成為現在的模樣。所以我希望閱讀本書的讀者也能把這些內容真正地實踐起來，並且有朝一日傳播給別人，幫助更多的人成為自己想要的樣子。

在此，請允許我首先感謝我的妻子王怡女士和兒子何昊倫小朋友，你們在情緒負熵、溝通負熵等方面給了我很多啟示，給予我很多實踐的機會。

其次，感謝出版社的編輯老師和我的朋友們在我撰寫這本書時給我提出的建議以及給予我的支援。

最後，感謝和祝福讀到這裡的你，祝福你持續以負熵為生，不斷踐行。

同時，我也想用《湖濱散記》中我喜歡的一句話來作為這本書的結尾：「當你實現你的夢想的時候，關鍵並不是你得到什麼，而是在追求的過程中你變成了什麼樣的人。」

謝謝各位！

亞當斯密 028

熵減法則
減去人生雜訊，從無序變有序，成為「最好版本的自己」

作者　何聖君

堡壘文化有限公司

總編輯	簡欣彥
副總編輯	簡伯儒
責任編輯	簡欣彥
行銷企劃	曾羽彤
封面設計	周家瑤
內頁構成	李秀菊

出版	堡壘文化有限公司
發行	遠足文化事業股份有限公司（讀書共和國出版集團）
地址	231 新北市新店區民權路 108-3 號 8 樓
電話	02-22181417
傳真	02-22188057
Email	service@bookrep.com.tw
郵撥帳號	19504465 遠足文化事業股份有限公司
客服專線	0800-221-029
網址	http://www.bookrep.com.tw
法律顧問	華洋法律事務所　蘇文生律師
印製	呈靖彩藝有限公司
初版 1 刷	2023 年 8 月
定價	新臺幣 420 元
ISBN	978-626-7240-86-1
	978-626-7240-91-5（Pdf）
	978-626-7240-88-5（Epub）

原著：熵減法則／何聖君　著
由北京文通天下圖書有限公司
透過北京同舟人和文化發展有限公司（E-mail: tzcopyright@163.com）
授權給堡壘文化有限公司發行中文繁體字版本，
該出版權受法律保護，非經書面同意，不得以任何形式重製、轉載。

國家圖書館出版品預行編目（CIP）資料

熵減法則：減去人生雜訊，從無序變有序，成為「最好版本的自己」／何聖君著. -- 初版. -- 新北市：堡壘
文化有限公司出版：遠足文化事業股份有限公司發行, 2023.07
　　面；　公分. --（亞當斯密；28）
ISBN 978-626-7240-86-1（平裝）

1.CST: 自我實現　2.CST: 生活指導　3.CST: 成功法

177.2　　　　　　　　　　　　　　　　　　　　　　　　112010845